JN092565

横断比較ノート
目　　　次

Ⅰ 適 用 編

Ⅱ 給付編

総　論

Ⅲ　主要手続一覧

適　用　編

◎ 適用編総論

◇ 適 用 事 業

事業（所）の単位＝工場，支店など個々の事業体をいう。

(1) 労基法では，原則として，同じ場所にあっても，著しく労働の態様，業種を異にする部門があって，本体部門から労働者も労務管理も明確に区分されている場合は「独立した事業」として扱う。
(2) 出張所等，小規模で一事業というほどの独立性のないものは「直近上位の機構に包括」する。
（労働基準法，雇用保険法，健康保険法，厚生年金保険法）
(3) 安全衛生法では「事業場」として捉える。

事業主＝事業の経営主体。法人であれば法人そのもの，個人企業なら事業経営主。

(1) 労働基準法で「使用者」とは，事業主，経営担当者その他その事業の労働者に関する事項について事業主のために行為するすべての者。
(2) 安全衛生法で「事業者」とは，事業を行う者で労働者を使用するもの。事業主と同義。

保険関係の成立と消滅の時期

保険関係	適用事業を開始した日　任意適用事業は加入の認可があった日　に成立する。
	「保険関係」という用語は徴収法でしか使わないが，考え方は各法とも同じ。
	適用事業を廃止，終了した日　任意適用事業は，左記のほか，脱退の認可があった日

その翌日 に消滅する。この日にはもはや保険関係は存在しない。

◇ 保険関係の一括の要件等

労　働　保　険　徴　収　法		
《継続事業の一括》 ・保険料の申告納付等の事務に関する一括である。	《請負事業の一括》 ・建設事業が数次の請負により行われる場合の一括である。	《有期事業の一括》 ・2以上の小規模建設工事等の一括である。
(1) 事業主が同一人であること (2) 一括を受けるすべての事業が，次のいずれかに該当するものであること ① 一元適用事業であって，労災保険と雇用保険に係る保険関係が成立しているもの ② 二元適用事業であって，労災保険に係る保険関係が成立しているもの ③ 二元適用事業であって，雇用保険に係る保険関係が成立しているもの (3) 事業の種類（労災保険率表による）が同じであること	・労災保険の保険関係についてのみ行われる。	① 事業主が同一人であること ② それぞれの事業が有期事業であること。 ③ それぞれの事業の規模が， 　建設事業にあっては，請負金額が1億8,000万円未満，かつ，概算保険料が160万円未満であること 　立木伐採事業にあっては，素材の見込生産量が1,000立方メートル未満，かつ，概算保険料が160万円未満であること ④ それぞれの事業が，他のいずれかの事業の全部または一部と同時に行われること ⑤ それぞれの事業が，建設事業であって労災保険の保険関係に係る事業であるか，立木伐採事業であって労災保険の保険関係に係る事業であること ⑥ それぞれの事業の，事業の種類（労災保険率表による）が同じであること ⑦ それぞれの事業の労働保険料納付の事務が一つの事務所（一括事務所）で取り扱われること
指定事業（本社等）に一括	元請負人のみを事業主とする。	
厚生労働大臣の認可	法律上当然に行われる。	
雇用保険の被保険者，労災保険・雇用保険の保険給付に関する事務は，一括前の各事業ごとに行う。	《下請負事業の分離》 (1) 下請負事業が次のいずれかに該当する場合 ① 請負金額が1億8,000万円以上 ② 概算保険料が160万円以上 (2) 厚生労働大臣の認可	

健　康　保　険　法	厚　生　年　金　保　険　法
・2以上の適用事業所を一つにまとめる一括である	
(1)　2以上の適用事業所の事業主が同一であること (2)　一括しようとする事業所に使用されるすべての者の人事，労務，給与に関する事務が電子計算組織等により集中的に管理されており，個々の事業所の事業主が行うべき事務が，所定の期間内に適正に行われること (3)　一括適用の承認によって事業の運営が著しく阻害されないこと	(4)　一括しようとする事業所について，一の健康保険組合が設立されていること (5)　資格取得届，資格喪失届，住所変更届，算定基礎届，月額変更届について，指定光ディスクにより届出を行うことが可能であること
管理事業所に一括	指定事業所に一括
厚生労働大臣の承認	厚生労働大臣の承認

◇ 被 保 険 者

同時に2以上の事業所に使用される場合

雇 用 保 険
◎在籍出向…主たる賃金を受ける一の雇用関係につき被保険者とする。判断し難いときは本人が選択。被保険者側の事業主が賃金を一括して支払い，保険料を納付するのが良いとされる。

健 康 保 険
⑴ 保険者が異なる場合は本人が選択。10日以内に，選択した保険者に「保険者選択届」を提出。
⑵ 標準報酬月額・標準賞与額は，各事業所の報酬月額・賞与額の合算額によって決める。
⑶ 保険料は選択された保険者が徴収するが，各事業主は報酬月額，支払った賞与額により按分した額の保険料を納付する。

厚 生 年 金 保 険
⑴ 同時に2以上の事業所に使用され，その者に係る日本年金機構の業務を分掌する年金事務所が異なる場合…本人が選択，10日以内に日本年金機構に届け出る。
⑵ 基金と基金の場合…10日以内に本人が選択，直ちにその基金の名称を日本年金機構に届け出る。
⑶ 基金が片方だけの場合…基金に加入しないときは，10日以内に基金に申し出る。併せて，基金のない事業所を管轄する日本年金機構にもその旨を届け出る。

被保険者資格の取得と喪失の時期

⑴ 原則的な考え方

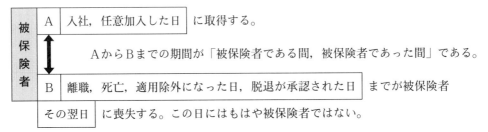

⑵ 国民年金の資格の得喪日については，上記⑴の考え方に従って，「厚生年金保険の被保険者資格や特例支給の老齢厚生年金の受給権を取得した日 」と揃うように考えればよい。
　① 第1号被保険者が国内に住所を有しなくなった日の「翌日」に資格を喪失するのが原則。ただし，「その日」にサラリーマンになったとすれば，即日，厚生年金保険の被保険者になるから，「その日」に第1号の資格を喪失して第2号の資格を取得することになる。
　② 第1号被保険者が厚生年金保険法の老齢給付の受給権者となったときは，「その日」に資格を失う。「その日」は，もはや第1号被保険者ではなく，年金の受給権者。

資格の得喪，区分変更，種別変更，区別変更，種別確認

雇 用 保 険

- 「一般被保険者 ➡ 高年齢被保険者」… 種別変更の届出は不要。

厚生年金保険

- 「1種 ⬌ 3種」の種別変更，「基金加入員 ⬌ 基金非加入」の区別変更は，5日（船舶10日）以内に届出。

国 民 年 金

- 「資格取得」手続がいるのは初めて（又は，改めて）第1・3号資格を取得するとき。
  （20歳～60歳の第1・2号が第2号の被扶養配偶者となった，昔第1号だった人が再び日本に帰って来た，など）
- 第1・3号が，60歳に達しても資格喪失手続は不要。（市町村で把握できるから）
  - 〃　　が，死亡して資格喪失した時は「死亡の届出」による。
  - 〃　　が，上記以外の理由で，最終的に資格を失った時に「資格喪失」手続が必要。
- 各号間の移動が「種別変更」であり，届出が必要（第2号該当の場合を除く）。
- 第3号の配偶者の，「厚年 ⬌ 共済」，「共済相互間」の移動が間を置かず引き続いて行われたときは，基礎年金拠出金の財布の出所（保険者）が変わるため，「種別確認の届出」が必要。

被保険者資格の確認

	雇 用 保 険	健 康 保 険	厚 生 年 金 保 険
被保険者・被保険者であった者	・いつでも確認を請求することができる。 　　　　　＊請求に係る事実がないと認めるときは，請求を却下しなければならない。		
保険者の確認	・厚生労働大臣が確認（安定所長）	・保険者（厚年は実施機関※）の確認によって効力を生ずる。	
	・確認は，①事業主の届出，②上記の請求，③職権によって行う。		
	・確認通知書 　→本人に通知	・確認通知書（標準報酬月額の決定も）→本人に通知	
確認制度がないもの	・日雇労働被保険者	・任意継続の取得，喪失 ・任適の脱退に伴う喪失 ・日雇特例被保険者 ・特例退職被保険者	・任意単独の取得，喪失 ・任意適用事業所の脱退に伴う喪失 ・適用事業所以外の高齢任意加入※ ・第4種

※　「実施機関」は下記の通りとなる。
　　第1号厚生年金被保険者の資格，標準報酬等に係る運用に関する事務：厚生労働大臣　第2号厚生年金被保険者の資格，標準報酬等に係る運用に関する事務：国家公務員共済組合及び国家公務員共済組合連合会　第3号厚生年金被保険者の資格，標準報酬等に係る運用に関する事務：地方公務員共済組合，全国市町村職員共済組合連合会及び地方公務員共済組合連合会　第4号厚生年金被保険者の資格，標準報酬等に係る運用に関する事務：日本私立学校振興・共済事業団
※　（厚生年金保険）適用事業所の高齢任意加入被保険者でも，事業主の同意を得られない者については，確認制度がない。

雇 用 保 険

・基本手当及び高年齢求職者給付金…資格喪失応当日方式で計算する。

> 離職日から前月の喪失応当日までの 1 箇月間に**賃金支払基礎日数**が11日以上あれば「 1 箇月」，
> 端数の15日以上の間に11日以上あれば「 2 分の 1 箇月」

・特例一時金…暦月によって計算する点が上記と違う。

> 取得月の初日から喪失日の前日の属する月の末日までに， 11日以上ある月を「 1 箇月」

厚生年金保険，国民年金

・暦月を単位として計算し，資格を取得した月から喪失した月の前月までを算入する。
・《同月得喪》は 1 月とする。
　その月にさらに資格を取得したときは，最後の資格の取得について 1 月として計算する。

船員関係の任意継続被保険者

(1)　**船員保険**の（疾病）任意継続被保険者
　　　船員保険の強制被保険者期間が資格喪失日の前日までに継続 2 月以上ある者が20日以内に申請
　　する（ 2.20型。健保の任継と同じ）。違う点は船員保険の被保険者として「船員保険の医療部門
　　の給付」を受けること。
(2)　**厚生年金保険**の船員任意継続被保険者
　　　船員保険の旧（年金）任意継続被保険者だった者は， S61.4.1に「厚生年金保険の船員任意
　　継続被保険者」に切り替わった。現在，この該当者はいない。
　　　船員任意継続被保険者としての期間は「船員たる被保険者並み」に扱われる。

◎　これらの人が普通の適用事業で働くときは，労基法，安衛法，労災法，雇保法，健保法，厚年
　法の適用を受ける。

パートタイマー

パート・有期労働法の定義	雇用保険の被保険者	健保，厚年の被保険者
本法で短時間労働者とは，1週間の所定労働時間が，同一の事業所に雇用される通常の労働者の1週間の所定労働時間に比し，短い労働者をいう （時間数は規定していない）	①週所定労働時間が20時間以上 ②31日以上引き続き雇用される見込みがあること ◎労働時間，賃金等労働条件の明確な規定が就業規則等にあること	2月以内の期間雇用，4月以内の季節的業務等の適用除外者を除けば，適用事業に使用される者は強制被保険者のはずであるが，パートについては<u>常用的性格があるかないか</u>がポイントとなる。 ・被保険者となる加入基準は，1週の所定労働時間及び1月の所定労働日数が他の従業員の4分の3以上あること

〔週所定労働時間が40時間の場合の目安〕

外国における日本人への適用

労 災 保 険…①継続事業は特別加入できる。
　　　　　　　②万一，先方の国から同一事故について労災給付を受けられる場合も併給される。
　　　　　　　③メリット制の計算には算入しない。
雇 用 保 険…適用事業の労働者が，出張して就労する場合，支店・出張所に転勤する場合は被保険者。現地採用者は除外される。
健 康 保 険…海外療養費あり。
国民健康保険…海外療養費あり。
厚生年金保険…①被保険者資格について住所に関する制限規定はない。
　　　　　　　②1・2級障害厚生年金の受給権者が海外で国民年金に任意加入しないまま死亡したときは，加算対象となる子がある場合は，厚生年金保険の独自給付として，「遺族基礎年金の額＋子の加算額相当額」が遺族厚生年金に加算される。
国 民 年 金…①第2・3号被保険者について住所に関する制限規定はない。
　　　　　　　②国内に住所を有しない20歳以上65歳未満の日本国民は任意加入。
　　　　　　　③20歳前障害による障害基礎年金は，国内に住所を有しないときは支給停止。

◇ 保 険 料

期 間 計 算

(1) 民法第140条　期間を定めるのに日，週，月，年をもってしたときは，期間の初日は算入しない。ただし，その期間が午前零時より始まるときはこの限りでない。

民法第141条　前条の場合においては期間の末日の終了をもって期間の満了とする。

民法第142条　期間の末日が祝祭日，日曜日などの休日に当たるときは，その日に取引をしない慣習がある場合に限り，その期間はその翌日をもって満了する。

(2) 条文では，「…から起算して」という語が使われることがある。この場合は民法第140条を無視して，その示された日から起算する。

【徴収法に例をとる】

法第15条第2項　有期事業の事業主は概算保険料を保険関係が成立した日から20日以内に納付しなければならない。

　解　民法第140条により初日不算入，翌日から起算する。

則第28条第2項　延納をする有期事業の事業主は，最初の期分の概算保険料は，保険関係成立の日の翌日から起算して20日以内に納付しなければならない。

　解　民法第140条無視，当該示された日から起算する。上記と同じことになる。

法第15条第1項　継続事業の事業主は概算保険料をその保険年度の6月1日から40日以内に納付しなければならない。

　解　継続事業にとって年度初日は午前零時から始まるから初日算入，納期限は7月10日。

【問】請負金額2億円の土木工事を請負い，4月15日着工，同年10月4日完了の場合，概算保険料の申告納付期限は5月6日，確定保険料の確定精算の期限は11月24日である。

　解　4月15日の翌日起算20日目は5月5日であるが，祝日のため，翌6日になる。10月4日の翌日起算50日目は11月23日であるが，祝日のため，翌24日になる。よって正解。

追 徴 金　　徴収法，健康保険法

各法共通…①事業主が保険料の納付を怠ったりしたため，いわば徴収法でいう認定決定のように「納付すべき額を政府が決定して事業主に告知した保険料に」追徴金が課される。

②追徴金の額＝保険料の額（1,000円未満の端数は切捨て）× 率

③正当な理由があるときや，その保険料の額が1,000円未満のときは，徴収されない。

徴 収 法…確定保険料の認定決定…100分の10，印紙保険料…100分の25

➡ 通知を発する日から起算して30日を経過した日を納期限とする。

健康保険…印紙保険料…100分の25 ➡ 決定された日から14日以内

保険料の繰上げ徴収　　社会保険にある制度

| 督　　促 | 徴収法，健康保険法，厚生年金保険法 |

各法共通…①保険料その他の徴収金を納付しないときは，保険者は納付義務者に督促状を出さなければならない。

②指定期限は，督促状を出す日から起算して10日以上経過した日。

違 う 点…社会保険には繰上げ徴収制度があるので，これによって行うものはこの限りではない。

| 延　滞　金 | 同上 |

各法共通…①督促したときは納期限の翌日から完納または差押えの日の前日までの日数によって原則年14.6％の割合で計算するが，厚生年金保険料及び健康保険料については，納期限の翌日から3か月を経過する日までの間は年7.3％の割合で計算した延滞金を徴収する。ただし，労働保険料については，年1回の徴収であることや申告方式であることに鑑み，軽減期間は2か月とされている。（平成22年1月1日施行）

②延滞金の額の100円未満は切捨て。

③徴収しない場合

　　一、督促状の指定期限までに完納されたとき

　　二、公示送達の方法によって督促したとき

　　三、延滞金の額が100円未満のとき

　　四、やむを得ない理由があるとき

（注意）
納　期　限＝法定納付期限
指定期限＝督促状で指定された期限

違 う 点

徴　　収　　法	健康保険法・厚生年金保険法
①徴収されるのは，労働保険料の滞納の場合	①不正利得に係る徴収金等の滞納にも課される
②延滞金を徴収されないのは ・労働保険料の額が1,000円未満のとき ・滞納処分の執行を停止又は猶予したとき	②延滞金を徴収されないのは ・納入告知書1通の額が1,000円未満のとき ・納期を繰り上げて徴収するとき

| 滞　納　処　分 | 同上 |

徴　　収　　法	健　康　保　険　法　・　厚　生　年　金　保　険　法
督促状の指定期限までに保険料その他の徴収金を納付しないときは，国税滞納処分の例によって財産差押えの処分をする。	①保険料その他の徴収金を督促状の指定期限までに納付しないとき，繰上げ徴収に係る保険料を告知の指定期限までに納付しないときは，国税滞納処分の例によって財産差押えの処分をする。 ②処分は保険者（厚年は厚生労働大臣）自ら行うか，又は納付義務者の居住地の市町村に請求してさせるかであるが，後者の場合，市町村は市町村税の例によって処分する。 ◎健保組合は，厚生労働大臣の認可を受けたときに限り，自ら処分することができる。

◇ 雑　則

消滅時効 （給付も含む）

(1) 期　　間

原則	・保険料その他の徴収金を徴収する権利，その還付を受ける権利＝２年 　起算点は，①法定納期限の翌日　②徴収原因となった事実が終わった日の翌日 ・給付を受ける権利は概ね「長期，高額のものは＝５年」，「短期のものは＝２年」 ・（労災）特別支給金のように時効規定のないものは５年，「支分権」は会計法により５年

　労　基　法…退職手当だけ５年。それ以外は第８章の災害補償も含めて，すべて２年。

　労　災　法…障害（補償）一時金，障害（補償）年金差額一時金，遺族（補償）一時金は５年。
　　　　　　　　傷病（補償）年金は，政府が決めるもので労働者に請求権がないから時効はない。

　徴　収　法…確定精算に係る還付請求権の時効起算点は，

　　　　　　　　　　申告書を法定期限内に出したとき…当該提出日の翌日
　　　　　　　　　　　〃　　　〃　後に　〃　　…継続事業は４月１日
　　　　　　　　　　　　　　　　　　　　　　　その他は事業終了・廃止日の翌日

　国年・厚年…年金の金額が支給停止されている間は，時効は進行しない。

(2) 時効中断…次の場合は時効が中断する。
　　　　　　　　・徴収について，告知，督促をしたとき，審査請求，裁判上の請求をしたとき
　　　　　　　　・保険給付について，審査請求，裁判上の請求をしたとき

書類・記録の保存（管）年限

・いつから…帳簿完結の日から，又は，その事案が終了した日から

・いつまで…３年が多い。

・３年以外のもの
　　　　　　　安全衛生法…健康診断結果の記録＝５年，面接指導結果の記録＝５年
　　　　　　　　　　　　　　作業環境測定＝５年（放射性物質），７年（粉じん），30年（ベリリ
　　　　　　　　　　　　　　　ウム及びその化合物等），40年（石綿）
　　　　　　　雇用保険法…被保険者に関するもの＝４年
　　　　　　　　　　　　　その他（２事業を除く）＝２年
　　　　　　　徴　収　法…事務組合の雇用保険被保険者関係届出事務等処理簿＝４年
　　　　　　　健保・厚年…２年
　　　　　　　開業社労士…２年

・労基法…労基法上必要な事項に限る。111条により作成したものであることを明らかにすること。
・市町村長は，行政庁・被保険者・受給権者等に対して，その条例で定めるところにより本人・遺
　族・被扶養者等の戸籍に関し，無料で証明を行うことができる。

立入り検査等

	立入，質問，検査など	報告，出頭	その他
労働基準法	101条	104条の2	即時強制処分 103条
安全衛生法	91条 環境測定, 物品収去も	100条	使用停止命令 98条, 緊急措置命令99条
労災保険法	48条	46条	
雇用保険法	79条	76条	
徴　収　法	43条	42条	
健康保険法	198条	197条	
厚生年金法	100条		受給権者の調査 96条
国民年金法			被保険者 106条, 受給権者の調査 107条
社 労 士 法	24条	24条	
身分を示す証票（証明書）を携帯する			

◇ 不服申立て制度のしくみ

行政不服審査法

〔審 査 請 求〕　行政庁の処分に不服がある者は，審査請求をすることができる。
　　　　　　　　正当な理由があるときを除き，処分があったことを知った日の翌日から起算して
　　　　　　　　3月以内に，原則として文書で
〔再審査請求〕　行政庁の処分につき法律に再審査請求をすることができる旨の定めがある場合に
　　　　　　　　は，その処分についての審査請求の裁決に不服がある者は，当該法律に定める行政
　　　　　　　　庁に対して再審査請求をすることができる。

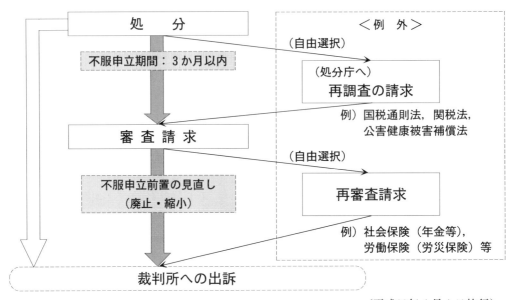

（平成28年4月1日施行）

※処分についての審査請求は，正当な理由があるときを除き，処分のあった日の翌日から起算し
　て1年を経過したときは，することができない。

【不服申立てができないもの】（訴訟は可）
　安衛…特定機械等の検査，性能検査，個別検定，型式検定，免許試験の結果についての処分
【審査請求するもの】
　安衛…指定試験機関・指定コンサルタント試験機関が行う試験事務，指定登録機関が行う登録事
　　　　務に係る処分又は不作為（厚生労働大臣に対して）
　労災…不正受給者からの費用徴収，特別加入申請に対する都道府県労働局長の決定，使用者に対
　　　　する報告等の命令，受診命令
　雇保…二事業
　徴収…労働保険料その他徴収法の規定による徴収金に関する処分，任意加入・継続事業一括・労
　　　　働保険事務組合の不認可
※訴訟との関係
　労災・雇保 ── 処分の取消しの訴えは，その処分についての審査請求に対する労働者災害補償保
　　　　　　　　険審査官，雇用保険審査官の決定を経た後でなければ提起することができない。

| 労働保険審査官及び労働保険審査会法 | （労働保険の保険給付等に関する不服申立て） |

〔審査請求〕　処分があったことを知った日の翌日から起算して3月以内に，**文書又は口頭で**
〔再審査請求〕　決定書の謄本が送付された日の翌日から起算して2月以内に，**文書で**
　　　　　　　　なお，審査請求を経たうえで出訴が可能。

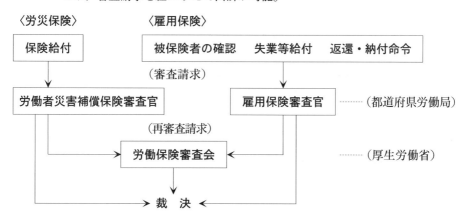

※労働者災害補償保険審査官は，労働基準法による災害補償に関する異議について労働基準監督
　署長が行う審査又は事件の仲裁の事務を取り扱っている。

| 社会保険審査官及び社会保険審査会法 | （被用者保険・国民年金に関する不服申立て） |

| 国民健康保険法・第9章 | （国民健康保険に関する不服申立て） |

〔審査請求〕　処分があったことを知った日の翌日から起算して3月以内に，**文書又は口頭で**
〔再審査請求〕　決定書の謄本が送付された日の翌日から起算して2月以内に，**文書又は口頭で**
　　　　　　　　なお，審査請求を経たうえで出訴が可能。
　　　　　　　※被用者保険の保険料等，国民健康保険に関する不服申立ては，一審制

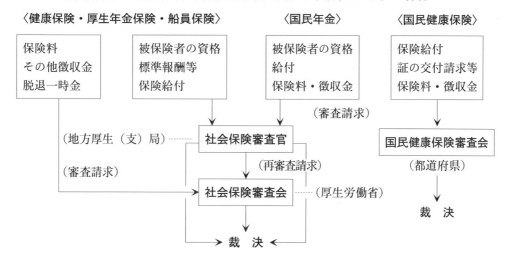

※被保険者の資格，標準報酬又は標準給与に関する処分に対する審査請求は，原処分があった日
　の翌日から起算して2年を経過したときは，することができない（社保審法）。

行審法・労保審法・社保審法の共通事項

(1) 審査請求期間には，郵便・信書便により送付に要した期間は，算入しない。

(2) 不服申立ては，代理人によってすることができる。

(3) 審査請求は，処分庁を経由して行うことができる。再審査請求（社会保険を除く）も同じ。

(4) 不服申立ては，原則として，原処分の執行を停止しない。

            （行審法）処分の効力，処分の執行，手続の続行を妨げない。

(5) 不服申立ての取下げは，決定又は裁決があるまでは，いつでも行うことができる（文書で）。
代理人は，特別の委任を受けた場合に限り，行うことができる。

労働保険・社会保険の共通・類似事項

(1) 審査請求，再審査請求は，時効の完成猶予及び更新に関しては，裁判上の請求とみなす。

(2) 再審査請求は，次の場合にもできる。

労災・雇保…審査請求をした日から3箇月を経過しても決定がないとき。棄却したものとみなして。

健保・厚年・船保・国年…審査請求をした日から2月以内に決定がないとき。棄却したものとみなして。

(3) 不服理由の制限

雇保 —— 被保険者の資格の確認に関する処分が確定したときは，その処分についての不服をその処分に基づく失業等給付に関する処分の不服の理由とすることはできない。

健保・厚年・船保 —— 被保険者の資格，標準報酬に関する処分…保険給付…。

国年 —— 被保険者の資格の確認に関する処分…給付…。

(4) 訴訟との関係

労災・雇保 —— 処分の取消しの訴えは，その処分についての審査請求に対する労働者災害補償保険審査官，雇用保険審査官の決定を経た後でなければ，提起することができない。

健保・厚年・船保 —— 審査請求に対する社会保険審査官の決定。保険料等については，社会保険審査会の裁決。

国年 —— 審査請求に対する社会保険審査官の決定。

国保 —— 審査請求に対する国民健康保険審査会の裁決。

◇ 中小企業とは

資本金・出資金	又は	常時労働者数	業　　　種
5 千万円以下	又は	50人以下	小売業 金融業，保険業，不動産業（労災・徴収法）
5 千万円以下	又は	100人以下	サービス業
1 億円以下	又は	100人以下	卸売業
3 億円以下	又は	300人以下	上記以外の業種

《定義どおり適用するもの》
・雇用保険二事業の中小企業に対する給付金
・中小企業退職金共済法
・中小企業労働力確保法

《人数だけで適用するもの》
・（労災）第 1 種特別加入
　　　　　　第 3 種特別加入（代表者等として海
　　　　　　外派遣される場合）
　　　　　　特例メリット制の適用対象
・（徴収法）事務組合に加入できる中小事業主
・財形の「勤労者財産形成助成金」の支給対象

◇ 審 議 機 関

労働政策審議会 中央最低賃金審議会	社会保障審議会
地方最低賃金審議会	都道府県・市町村に 国民健康保険運営協議会

◎ 賃金の概念

労 働 基 準 法	労 災 保 険 法
賃金, 給料, 手当, 賞与その他名称のいかんを問わず, 労働の対償として使用者が労働者に支払うすべてのもの。	
〔**賃金に該当**〕 　支給条件が明確に定められている退職金, 休業手当等 〔**賃金に該当しない**〕 　解雇予告手当, 休業補償費等	

◎ 報酬（賃金）の概念

健 康 保 険 法
賃金, 給料, 俸給, 手当, 賞与その他いかなる名称であるかを問わず, 労働者が, 労働の対償として受けるすべてのもの。 　ただし, 次に該当するものは, 報酬に含まれない。 　①　臨時に受けるもの 　②　3月を超える期間ごとに受けるもの
※　日雇特例被保険者については,「賃金」の概念。 　賃金, 給料, 手当, 賞与その他いかなる名称であるかを問わず, 労働の対償として, 事業主が日雇労働者に支払うすべてのもの。 　ただし, 3月を超える期間ごとに支払うものを除く。

雇　用　保　険　法	徴　　収　　法
賃金，給料，手当，賞与その他名称のいかんを問わず，労働の対償として事業主が労働者に支払うもの。	
通貨以外のものでは， ①　食事の利益 ②　被服の利益 ③　住居の利益 ④　職安所長が定めるもの については賃金として取り扱い，これ以外の実物給与については賃金として取り扱わない。	通貨以外のものでは， ①　食事の利益 ②　被服の利益 ③　住居の利益 ④　監督署長又は職安所長が定めるもの については賃金として取り扱い，これ以外の実物給与については賃金として取り扱わない。

厚　生　年　金　保　険　法

◎ 労働基準法, 労働安全衛生法, 労災保険法, 雇用保険法の適用

		労 働 基 準 法	労 働 安 全 衛 生 法
適 用 事 業		労働者を使用する事業	
適 用 除 外		①同居の親族のみを使用する事業	②家事使用人
	国 及 び 公共団体	・一般職の国家公務員には適用しない。 　ただし, 行政執行法人の職員には全面適用。	
		・一般職の地方公務員には, 一部の規定は適用しない。 　ただし, 地方公営企業職員には全面適用。	
	船 員	・船員法による船員には, 一部の規定を除いて適用しない。	・船員法による船員
	そ の 他		・鉱山保安法による鉱山の保安には, 第2章を除いて適用しない。
労 働 者		事業又は事務所に使用される者で, 賃金を支払われる者	
労働者又は被保険者とされる者	請負契約	請負契約であっても, 総合的に判断して実体的に使用従属関係があると認められる者	
	委任契約	委任契約であっても, 保険外交員など実体的に使用従属関係があると認められる者	
	取締役・理事, 無限責任社員	法人の重役等であっても, 業務執行権又は代表権のない者が, 工場長, 部長等の職にあって賃金を受ける場合は, その限りにおいて労働者となる。	
	有限会社の取締役		
	監 査 役 監 事		㊟ 　法人役員の取扱いについては各法の表現は少しずつ違うが, その趣旨はほとんど同じである。
	同 居 の 親 族	他に労働者がおり, ①事業主の指揮命令下で業務を行い, ②就労の実態が他の労働者と同様であり, 賃金もこれに応じて受けている場合。特に, 休日・休暇を含む就業時間, 賃金の取扱いが, 就業規則上, 他の労働者と同様の場合	

労　災　保　険　法	雇　用　保　険　法
	労働者を雇用する事業
・非現業の官公署 ・国の直営事業等 　　国有林野の事業，行政執行法人（印刷・造幣等） ・地方公務員で現業部門の常勤職員 ・自治体消防団の消防団員（非常勤）	国，都道府県，市町村，その他これらに準ずる事業に雇用される者のうち，離職した場合に，他の法令等に基づいて支給を受ける諸給与の内容が，雇用保険の求職者給付・就職促進給付の内容を超えると認められる者であって，一定のもの。
事実上，業務執行権を有する者の指揮監督を受けて労働に従事し，対償として賃金を得ている者は，原則として労働者となる。	部長，工場長等，従業員としての身分を有し労働者的性格が強い者で，雇用関係があると認められれば被保険者とする。
代表取締役が選任されている場合でも，当然には業務執行権を失うものではないが，上記と同様に取り扱う。	株式会社の取締役と同様に取り扱う。
事実上，一般の労働者と同様に賃金を得て労働に従事している場合は労働者となる。	名目的なものにすぎず，常態的に従業員としての雇用関係があると認められれば被保険者とする。
	事業主と同居している親族は，原則として被保険者としない。
	〔雇用保険〕では，１週間の所定労働時間が20時間未満の者等，「被保険者」とされないケースがある。

◎ 適 用 事 業 （所）

	労 災 保 険 法	雇 用 保 険 法
保険者	政府	
強制適用	・労働者を使用する事業 ・個人事業主が農業関係特定作業従事者として特別加入した場合は，5人未満であっても労働者を使用する限り，強制適用になる。	・労働者を雇用する事業
任意適用	個人事業主の行う次の事業 (1)林業の事業で，常時には労働者を使用せず，1年以内の期間の使用労働者延人員が300人未満のもの (2)常時5人未満の労働者を使用する次の事業 ・農業，畜産・養蚕の事業で，主として一定の危険有害な作業を行わないもの ・水産の事業で， ①総トン数5トン未満の漁船 ②主として河川，湖沼，特定水面で操業するもの	常時5人未満の労働者を雇用する個人事業主の行う次の事業 ・林業 ・農業 ・畜産，養蚕の事業 ・水産の事業

◎ 任意適用事業（所）

	労 災 保 険 法	雇 用 保 険 法
すべてに共通する点	個人経営の事業（所）	
業種・常時使用労働者数	農水産の事業で，5人未満 ＊林業の事業は，上記参照	農林水産の事業で，5人未満 ※船員が雇用される事業を除く
各法独特の視点による違い	労災保険の範囲は雇用保険より狭い（危険有害の視点から）	
加入後の取扱い	二元適用事業	
加入申請しなければならない場合	過半数が希望したとき	2分の1以上が希望したとき
加入申請するには		労働者の2分の1以上の同意
脱退するには	過半数の同意　（＊他にも条件あり）	労働者の4分の3以上の同意
強制が任意に該当するに至った時	任意加入の認可があったものとみなす	
任意が強制に該当するに至った時	その日に保険関係が成立する	

健 康 保 険 法	厚 生 年 金 保 険 法	国 民 年 金 法	国民健康保険法
・全国健康保険協会（日雇特例を含む） ・健康保険組合	・政府	・政府 ・（国民年金基金）	・都道府県及び当該都道府県内の市（区）町村（以下都道府県等） ・国民健康保険組合
①国，地方公共団体，法人で常時従業員を使用する事業所※ ②下記②の事業所で常時5人以上の従業員を使用するもの			
	③船員として船舶所有者に使用される者が乗り組む船舶		
個人経営の事業所で次のもの ①農林・畜産・養蚕・水産，一部の対個人サービス業の事業所（人数規制なし） ②上記以外の事業の事業所で5人未満のもの		※国，地方公共団体または法人に使用される者で，法律によって組織された共済組合の組合員，私立学校教職員共済制度の加入者であるものの取扱い 　健康保険では，保険給付は行わず，保険料も徴収しない。	

健 康 保 険 法	厚 生 年 金 保 険 法
①農林水産 ＋ 一部の対個人サービス業の事業所（人数の規制なし） ②上記以外の事業の事業所で5人未満	
申請すると事業主は「実体調査」を受ける	
適用事業所	
被保険者となるべき者の2分の1以上の同意	
被保険者である者の4分の3以上の同意	
任意適用の認可があったものとみなす	

◎ 被 保 険 者

	労 災 保 険 法	雇 用 保 険 法	健 康 保 険 法
強制加入者等	労働者 ＊労災保険は事業主の責任保険だから被保険者制度はない。	・労働者 　①一般被保険者 　②高年齢被保険者 　③短期雇用特例被保険者 　④日雇労働被保険者 　　（適用区域と適用事業）	・従業員 　①被保険者 　②日雇特例被保険者 ＊被扶養者の制度がある。
任意加入者	特別加入 ・第1種　中小事業主 　　　　　その家族従事者 ・第2種　一人親方 　　　　　その家族従事者 　　　　　特定作業従事者 ・第3種　海外派遣者	・日雇労働者で職安所長の認可を受けた者 　（任意加入） ・連続2月の各月18日以上同一事業主に雇用されたが，職安所長の認可を受けて日雇労働被保険者になる者 　（継続被保険者）	(1)　任意継続被保険者 (2)　特例退職被保険者
適用除外など	＊21頁参照	①1週間の所定労働時間が20時間未満である者（上記④を除く） ②同一の事業主の適用事業に継続して31日以上雇用されることが見込まれない者 ③季節的事業であって4か月以内の雇用又は1週間の所定労働時間が20時間以上30時間未満である者 ④昼間学生 ⑤船員法1条の船員であって，一定の漁船に乗り組むため雇用される者（1年を通じて船員として雇用される場合を除く） 　＊以上のほか，21頁参照	〔健保・厚年の被保険者〕からの適用除外 ①臨時に使用される者（2月以内の期間雇用，日々雇入れ） ②4月以内の季節的業務に使用される者 ⑤国民健康保険組合に加入している事業所 ⑥船員保険の被保険者 〔日雇特例被保険者〕からの適用除外 ①引き続く2月に通算26日以上使用される見込みがない者

厚 生 年 金 保 険 法	国 民 年 金 法	国民健康保険法
当然被保険者（70歳未満） ・第1号厚生年金被保険者 ・第2号厚生年金被保険者 ・第3号厚生年金被保険者 ・第4号厚生年金被保険者 （厚生年金保険法の 　被保険者　　　　）	強制加入被保険者 　（①③は20歳以上60歳未満） ①第1号　国内居住者で②③ 　　　　　に該当しないもの ▶②第2号 ③第3号　②の被扶養配偶者	都道府県の区域内に住所を有 する一般住民
(1)　任意単独被保険者	(1)　国内居住の20歳以上60歳 　　未満で被用者年金の老齢 　　給付等の受給権者 (2)　国内居住の60歳以上65歳 　　未満の者 (3)　外国居住の20歳以上65歳 　　未満の日本国民	
〔資格期間充足のため〕 (2)　高齢任意加入被保険者 (3)　第4種被保険者	〔資格期間充足のため〕 (4)　S40.4.1以前生れで，65 　　歳以上70歳未満の〈国内 　　居住者〉又は〈外国居住 　　の日本国民〉	
③6月以内の臨時的事業の事業所に使用される者 ④所在地が一定しない事業所に使用される者 ⑦通常の労働者と比べて1週間の所定労働時間又は1箇月の所定労働日数が4分の3未満の短時間労働者であって以下いずれかに該当するもの ・1週間の所定労働時間が20時間未満 ・継続1年以上の使用見込みなし ・報酬88,000円未満 ・学生 ②健康保険の任意継続被保険者 ③その他特別の事情ある者（本業有り，昼間学生，主婦）	厚生年金の老齢給付等の受給権者は，強制からは除外される。	①被用者医療保険の被保険者とその被扶養者 ②日雇特例被保険者で，交付を受けた健康保険被保険者手帳に健康保険印紙をはり付けるべき余白がなくなるまでの間にある者とその被扶養者 ③国民健康保険組合の被保険者 ④生活保護世帯の者 ⑤その他特別の理由がある者で厚生労働省令で定めるもの

◎ 保険料 1 ― 労働保険 ―

		労 災 保 険	雇 用 保 険
保険料の率・額		(1) **一般保険料**＝賃金総額×一般保険料率（労災保険率＋雇用保険率） 賃金総額にはアルバイト料，現物給与，賞与をすべて含む。 　＊請負金額×労務費率の特例等。 労災保険率＝事業の種類に応じ， 　　　　　　1,000分の2.5〜88 　＊うち非業務災害率1,000分の0.6 　＊石綿による健康被害の救済のための 　　一般拠出金を確定保険料と併せて 　　1,000分の0.02を負担 **特別加入保険料**＝保険料算定基礎額×料率 (2) **第1種**…労災保険率から二次健康診断等 　　　　　　給付に係る率を控除した率 (3) **第2種**…1,000分の 3〜52 (4) **第3種**…一律に1,000分の 3	賃金総額には現物給与，賞与等をすべて含む。 　＊日雇労働被保険者の賃金も含む。 雇用保険率 ※令和元年度の率とする 　　　　一　　般　1,000分の 9.0（3＋3＋3） （特掲事業）清酒製造等　1,000分の11.0（4＋4＋3） 　　　　建設の事業　1,000分の12.0（4＋4＋4） 　※最後に加算された 3 又は 4 は二事業率である (5) **印紙保険料** 　　賃金日額に応じて 3 段階 　　雇用保険印紙　176円，146円，96円 　　（日雇労働被保険者手帳に貼る） (6) **特例納付保険料** $$\frac{\begin{array}{c}\text{遡及適用対}\\\text{象期間の開}\\\text{始月に支払}\\\text{われた賃金}\end{array}+\begin{array}{c}\text{遡及適用対}\\\text{象期間の終}\\\text{了月に支払}\\\text{われた賃金}\end{array}}{2}\times\begin{array}{c}\text{遡及適用}\\\text{対象期間}\\\text{の終了月}\\\text{の雇用保}\\\text{険率}\end{array}\times\begin{array}{c}\text{当該期間}\\\text{の月数}\end{array}$$
納付義務		事業主（原則は申告納付である）	
納付		・継続事業…4月〜翌年3月が保険年度。保険関係が成立した日から50日以内に概算保険料を納付する。 　　　　　以後は，毎年7月10日までに前年度分を確定精算し，当年度分を概算納付する（年度更新）。 ・有期事業…事業の全期間分の概算保険料を保険関係が成立した日から20日以内に納付し，保険関係が 　　　　　消滅した日から50日以内に確定精算する。 ・増加概算保険料…賃金総額等の見込額が2倍を超え，かつ増加保険料が13万円以上のとき。30日以内 ・料率引上げによる概算保険料…通知を発した日から30日以内 ・認定決定による概算保険料……通知を受けた日から15日以内 ・認定決定による確定保険料……納入告知書を受けた日から15日以内 ＊概算保険料は延納できる。　　　　　　　　　　　　　　　　　＊印紙保険料…賃金を支払うつど	
負担		事業主が全額負担 (1) 一般保険料の労災保険率に係る部分 (2) 第1種特別加入保険料 (3) 第2種特別加入保険料 (4) 第3種特別加入保険料	(1) 一般保険料の雇用保険率に係る部分 　　被保険者：上記 1,000分の 3　　4　　4 　　事 業 主：上記 1,000分の 6　　7　　8 (2) 印紙保険料　　折半（端数は事業主負担）

◇ 徴収法の特別保険料

1. 徴収の対象	労災保険に未加入の暫定任意適用事業の事業主で，保険関係成立前の業務災害又は通勤災害に対し保険給付を行った場合（事後加入の事業主）に徴収される。
2. 特別保険料の額	(1) 継続事業については，次の①及び②を合算した額となる。 　① 保険給付の額を13で除して得た額 　② 賃金総額に1,000分の15を乗じて得た額 (2) 有期事業については，次の①及び②を合算した額となる。 　① 保険給付の額 　② 賃金総額に1,000分の15を乗じて得た額 ★「保険給付の額」は，⑦傷病（補償）年金に係る療養開始後3年を経過した月以後に給付される療養（補償）給付を除く。⑦年金（傷病（補償）年金については，療養開始後3年を経過した月以後の分に限る。）については，労働基準法の補償相当額となる。
3. 負　　担	事業主が全額を負担する。
4. 納　期　限	同様に概算と確定がある。納期限は一般保険料の場合と同じ。

◎ 保険料2 －社会保険－

	健康保険（協会管掌）	健康保険（組合管掌）	厚生年金保険
保険料額	標準報酬月額および標準賞与額に，それぞれ保険料率を乗じて得た額 〈標準報酬月額〉第1級・58,000円〜第50級・1,390,000円 〈標準賞与額〉年度において合計573万円が上限 　　3月を超える期間ごとに労働の対償として受ける賞与等の額（1,000円未満は切捨て）により決定する。		第1級・88,000円〜 　　　第31級・620,000円 150万円が上限
保険料率	・1,000分の30〜130の範囲内 　都道府県単位で決定。 ・介護保険料率…1,000分の17.9（令和2年度）	・1,000分の30〜130の範囲内	・第1号　　…1,000分の183.00 ・第2号・3号…1,000分の183.00 ・第4号　　…1,000分の149.73
印紙保険料	次の額の合算額（11等級） 　① 標準賃金日額に平均保険料率を乗じて得た額 　　（介護保険第2号被保険者にあっては介護保険 　　料を合算した率を乗じて得た額） 　② 上記の額×100分の31		
納付義務	事業主（原則は納入告知書による） ＊任意継続等は本人（納付書により納付する）		＊第4種，事業主の同意なき 　高齢任意は本人（納付書で）
納付	「被保険者である間」各月につき徴収する。資格喪失月分は徴収しないが，≪同月得喪≫の場合は取得のつど徴収する。 (1)　各月分　　　翌月末日まで 　　　　　　　　＊任意継続は当月10日まで。前納もできる。 (2)　賞与分　　　翌月末日まで (3)　印紙保険料　使用する日ごと		「被保険者期間の計算の基礎となる各月」につき徴収する。 (1)　各月分　翌月末日まで 　　＊第4種は，当月10日まで 　　　　　　　　前納もできる (2)　賞与分　翌月末日まで
負担	(1)　各月分　　　労使折半 　＊任意継続等は全額本人 (2)　賞与分　　　労使折半 (3)　印紙保険料　労使折半（前記の①分） 　＊事業主は，さらに②分を負担	(1), (2)とも，労使折半	(1), (2)とも，労使折半 ＊第4種，事業主の同意のない 　高齢任意加入被保険者は全額 　本人負担。
免除	◎ 育児休業取得者に係るもの（育児休業等開始日の属する月から，育児休業等終了日の翌日が属する月の前月まで）※産前産後休業期間も免除		

厚 生 年 金 基 金	国 民 年 金	国 民 健 康 保 険
〈報酬標準給与〉 〈賞与標準給与〉 ※高い等級，上限額を設定 　できる。	・第1号…17,000円×改定率 ・付加保険料…400円 　令和2年度の保険料は16,540 　円	・条例又は規約の定めによる。 （応能割） 　所得割 　資産割 （応益割） 　被保険者均等割 　世帯別平等割
一定率に一定額を加算。 18.300%から免除保険料率 （2.4%～5.0%）を控除し た率による額を政府に納入		
	本人（世帯主，配偶者に連帯責 任あり）	世帯主又は組合員
	・翌月末日まで ・前納もできる。	・都道府県等又は国民健康保険 　組合に納付する。 ＊都道府県等は国民健康保険税 　として徴収できる。
(1)，(2)とも，労使折半 ・一定の範囲内で規約によ り事業主の負担割合を増 加できる。	・全額本人負担 ＊第2・第3号に係る基礎年金給 付費は，厚生年金保険の実施者 たる政府が負担し，又は実施機 関たる共済組合等が納付すべき 基礎年金拠出金で賄う。	・全額本人負担 ＊退職被保険者等の療養に係る 　費用は，その者の保険料と療 　養給付費等交付金で賄う。
	・法定免除，申請免除（全額・ 　4分の3・半額・4分の1）， 　納付猶予，学生等の納付の特 　例	・低所得世帯に減免，徴収猶予 　あり。

◎ 地域型国民年金基金と職能型国民年金基金

	地 域 型 国 民 年 金 基 金
組 織 構 成	(1) 第1号被保険者（※を含む）であって，基金の地区内に住所を有する者をもって組織 (2) 基金の加入員となることができない者 　① 保険料の法定免除者及び申請免除者 　② 農業者年金の被保険者 　③ 任意加入被保険者（※を除く） (3) 各都道府県につき1個 ※国内に住所を有する60歳以上65歳未満の任意加入被保険者及び日本国籍を有する者であって，国内に住所を有しない20歳以上65歳未満の任意加入被保険者
設 立 要 件	(1) 加入員たる資格を有する者及び年金に関する学識経験を有する者のうちから厚生労働大臣が任命した者が設立委員とならなければならない。 (2) 設立委員の任命は，300人以上の加入員たる資格を有する者が厚生労働大臣に地域型基金を希望する旨の申出を行った場合に行う。 (3) 1,000人以上の加入員がなければ設立することができない。 (4) 設立委員は，規約を作成し，創立総会の日時及び場所とともに公告して，創立総会を開かなければならない。 (5) 設立委員は，創立総会の終了後，遅滞なく規約その他必要な事項を記載した書面を厚生労働大臣に提出して，設立の認可を受けなければならない。 (6) 設立の認可を受けたときに成立する。
業 務 内 容	(1) 加入員又は加入員であった者に対し年金の支給を行い，あわせて加入員又は加入員であった者の死亡に関し，一時金の支給を行う。 (2) 厚生労働大臣の認可を受けて，その業務の一部を信託会社，信託業務を営む金融機関，生命保険会社，農業協同組合連合会，共済水産業協同組合連合会，国民年金基金連合会その他政令で定める法人に委託できる。 (3) 基金が支給する年金額は，次の計算によって得た額を超えるものでなければならない。 　　　200円×納付された掛金に係る加入員期間の月数

職 能 型 国 民 年 金 基 金

(1) 第1号被保険者（※を含む）であって，基金の地区内において同種の事業又は業務に従事する者をもって組織

(2) <u>基金の加入員となることができない者</u>
　① 保険料の法定免除者及び申請免除者
　② 農業者年金の被保険者
　③ 任意加入被保険者（※を除く）

(3) 同種の事業又は業種につき全国を通じて1個

---

(1) 加入員となろうとする15人以上の者が発起人とならなければならない。

(2) 3,000人以上の加入員がなければ設立することができない。

(3) 発起人は，規約を作成し，創立総会の日時及び場所とともに会日の2週間前までに公告して，創立総会を開かなければならない。

(4) 発起人は，創立総会の終了後，遅滞なく規約その他必要な事項を記載した書面を厚生労働大臣に提出して，設立の認可を受けなければならない。

(5) 設立の認可を受けた時に成立する。

◎ 国庫負担，国庫補助

事 務 費
○公的保険制度は国の責任で行うため，「事務の執行に要する費用」は国が負担する。
・雇用保険・健康保険・厚生年金保険・国民年金では，「予算の範囲内で」負担する。
・健康保険組合に対しては，被保険者数を基準に厚生労働大臣が算定した国庫負担金を概算払いで
　交付する。
・国民健康保険では，国民健康保険組合に対し，政令の定めるところにより負担する。
※医療保険については，前期高齢者納付金等（健保），後期高齢者支援金等，介護納付金の納付に
　関する事務を含む。

雇用保険給付費の国庫負担分
(1)《日雇以外の求職者給付（高年齢求職者給付金を除く）》の1/4。国が負担してなお赤字なら，
　　1/3を限度に引き上げる。
　　《広域延長給付に係る求職者給付》の1/3
(2)《日雇労働求職者給付金》の1/3。国が負担して黒字なら，1/4を限度に引き下げる。
(3)《雇用継続給付（高年齢雇用継続基本給付金及び高年齢再就職給付金を除く）》の1/8
(4)《職業訓練受講給付金の支給に要する費用 》の1/2
※なお，法附則により，当分の間上記の負担割合の100分の55を負担する。平成29年度から令和元
　年度までの各年度においては，上記負担割合の100分の10に相当する額を負担する。

協会管掌健康保険に対する補助
(1)《保険給付費》の $\dfrac{130\sim200}{1,000}$ 　（ただし，当分の間は $\dfrac{164}{1,000}$ ）
(2)《協会が拠出する前期高齢者納付金，後期高齢者支援金，介護納付金》の $\dfrac{164}{1,000}$

厚生年金保険，共済組合に対する国庫負担
○《政府・実施機関たる共済組合等が負担する基礎年金拠出金》の「2分の1に相当する額」

国民年金に対する国庫負担
(1)《基礎年金給付費のうち第1号負担分》の「2分の1に相当する額」
(2)《特別の国庫負担》…①保険料一部免除期間と保険料全額免除期間（学生等の保険料納付特例期
　　　　　　　　　　　　　間を除く）に係る老齢基礎年金の給付費
　　　　　　　　　　　　②20歳前障害の給付費の100分の20
　　　　　　　　　　　　③母子福祉年金等が裁定替えされた遺族基礎年金の給付費，等々
(3)《第1号独自給付等》に対し…付加年金等の給付費（1/4）など

国民健康保険に対する負担・補助
(1)《療養給付費等負担金》…一定の療養給付費・前期高齢者納付金及び後期高齢者支援金，介護納
　　　　　　　　　　　　　付金の100分の32（平成30年4月1日施行）
　　＊都道府県等が確保すべき収入を不当に確保しなかった場合は減額することがある。
(2)《調整交付金》…国民健康保険の財政を調整するため
(3)《その他の補助》…特定健康診査等，保健師に要する費用の1/3など。

II

給 付 編

◎ 給付編総論 ▰▰▰▰▰▰▰▰▰▰▰▰▰▰▰▰▰▰▰

◇ 家族，遺族

配偶者，妻：すべて《事実婚》を認めている。

被 扶 養 者：健康保険の被保険者と，国民健康保険の退職被保険者にある。

同一の世帯：〔健保〕三親等内の親族と，事実婚の場合の配偶者の父母・子が，被扶養者となる
には，「同一の世帯」に属し，「主として生計を維持」していなければならな
い。この場合の「同一世帯」とは，被保険者と住居，家計を同じくしている
ことをいう。

障害の状態：〔労災〕５級以上，又はこれと同等以上に労働が制限される状態にあること
〔年金二法〕１・２級障害

障害状態にある子

	障害状態に該当するに至った時点	年齢制限
労　　災	労働者の死亡当時障害状態にあること	なし
二 年 金	18歳到達年度末までの事後障害を認める	20歳未満

子 の 範 囲：〔労災〕18歳に達する日以後の最初の３月31日までの間にある子➡「18歳到達年度
末までの子」

〔年金二法〕「18歳到達年度末までの子」と20歳未満の障害者で，未婚のもの

胎児が生ま
れたとき
〔労災〕遺族（補償）年金…将来に向かって受給資格者となる。

〔年金二法〕将来に向かって，支給事由発生当時その者によって生計を維持していた
子とみなされる。

〔遺族基礎年金〕将来に向かって，被保険者死亡当時その者によって生計を維持して
いた者とみなされ，配偶者は，その者の死亡当時，その子と生計を
同じくしていた者とみなされる。

生 計 維 持

労　災	遺族補償給付の受給資格…できるだけ実情に沿うように解釈する。
健　保	被扶養者の認定に当たっては「主として」が付く。 (1) **同一世帯の場合**は，年収130万円（60歳以上の者，障害者は180万円）未満で，かつ，被保険者の収入の２分の１未満であること。 (2) **同一世帯でない場合**は，年収130万円（同180万円）未満で，かつ，被保険者からの援助額より少ないこと。 (3) **夫婦共同扶養の場合**は，原則は年収の多い方の被扶養者とする。同程度の場合は，届出により，主として生計を維持する者の被扶養者とする。
年　金 二　法	労災と違って基準が示されている。 ① 被保険者又は受給権者と，生計を同じくしていたこと。 ② 厚生労働大臣が定める金額（年収850万円等）以上の収入を，将来にわたって有すると認められないこと

◇ 待　期

労災	休業補償給付	通算して 3 日	事業主は，労基法の規定により休業補償すること
	休　業　給　付	〃	〃　　　による休業補償の要はない
雇用	求　職　者　給　付	通算して 7 日	
	日雇労働の場合	各週の職業に就かなかった最初の 1 日	
健保	傷　病　手　当　金	連続した 3 日（所定休日があってもよく，年休を取ってもよい）	

◇ 障害の認定

労災	傷病（補償）年金	療養開始後 1 年 6 箇月を経過した日，又は同日後において，①傷病が治っていないが，②障害の程度が傷病等級に該当
	障害（補償）給付	負傷，疾病が治ったとき身体に障害等級に該当する障害が残った場合
年金二法	《障害認定日》	① 初診日から起算して 1 年 6 月を経過した日 ② 1 年 6 月の期間内に傷病が治った場合は，その治った日 ③ 1 年 6 月の期間内の，症状が固定し，治療の効果が期待できない状態に至った日

◎ 医療給付 －労災保険と健康保険－

労 災 保 険 －療養（補償）給付－	健 康 保 険
1．療養の給付 ◎療養の給付の範囲 ① 診　察 ② 薬剤又は治療材料の支給 ③ 処置・手術その他の治療 ④ 居宅における療養上の管理，療養に伴う世話その他の看護 ⑤ 病院（診療所）への入院，療養に伴う世話その他の看護 ⑥ 移　送 2．療養費の支給 ① 療養の給付を行うことが困難な場合 ② 療養の給付を受けないことについて労働者に相当の理由がある場合	1．療養の給付 　内容は，左の①から⑤までに同じ。 2．入院時食事療養費 3．入院時生活療養費 4．保険外併用療養費 5．訪問看護療養費 6．療養費 ① 保険者が，療養の給付を行うことを困難と認めたとき ② 保険者がやむを得ないと認めたとき ※ 海外滞在中は，療養費払い 7．移送費 8．被扶養者に係る保険給付 ① 家族療養費 ② 家族訪問看護療養費 ③ 家族移送費 9．高額療養費 10．高額介護合算療養費 ※ 組合の場合，付加給付あり
◎給付期間 ・治ゆするまで ・労働者の退職によって変更されない ◎負　担 ⑴ 《療養補償給付》は一切無料 ⑵ 《療養給付》には一部負担金がかかる ・200円（日雇特例被保険者は100円） ・ただし，次の場合は免除される。 ① 第三者行為によって生じた事故 ② 休業給付を受けない者（療養開始後3日以内の死亡等） ③ 既に納付した者（転医） ④ 特別加入者	◎給付期間 ・被保険者資格がある限り治るまで ・任継は，原則，任継被保険者となった日から2年を経過するまで ◎負　担 ⑴ 療養に係る一部負担金，自己負担額 ⑵ 入院時食事負担 ── 食事療養標準負担額 ⑶ 入院時生活負担 ── 生活療養標準負担額

◎ 健康保険：日雇特例被保険者

1．給付に当たって**受給要件**が問われる。

　　ほとんどが《2．26型》。つまり，療養を受ける日の属する月の前2月間に通算26日以上，又はその月の前6月間に通算78日以上，保険料が納付されていること。

　　ただし，被保険者本人が出産する場合は《4．26型》。前4月間に通算26日以上。

2．療養の給付等の療養を受けるときは「**受給資格者票**」の手続が必要。

　　また，上記以外の保険給付については「**被保険者手帳**」又は「**受給資格証明書**」を添付する。

3．給付の中で，次のものだけが一般被保険者と違った特色がある。

傷病手当金	・その額は，直前2月間又は6月間の保険料納付日に係る標準賃金日額の各月ごとの合算額のうち最大のものの1/45。支給期間は6月（結核は1年6月）が限度。
埋　葬　料	・各月ごとの合算額の考え方は同じであるが，埋葬料の額は，50,000円。
出産手当金	・出産月前4月間の各月ごとの合算額のうち最大のものの1/45。

4．被保険者になったばかりの人のために《**特別療養費**》の制度がある。

5．日雇特例被保険者には《**資格喪失後の保険給付**》の制度はないが，次の点は，資格喪失後の保険給付ともいえる。

　(1)　療養の給付等
　　　・同一の疾病（その原因となった傷病を含む），負傷について，療養の給付等開始日から1年（結核は5年）を経過していない間は受けられる。
　　　・ただし，1年又は5年を経過しても，経過後の日の属する月前に保険料納付要件を満たせば，その月は給付される。
　(2)　被保険者本人の死亡についての埋葬料は，療養の給付等を受けられなくなった日後3月以内の死亡であれば支給される。

　〔参考〕標準賃金日額の合算額の最大のものの $\dfrac{1}{45}$

　　　　　被保険者の場合は，標準報酬月額の $\dfrac{1}{30} \times \dfrac{2}{3}$ $\left(= \dfrac{1}{45} \right)$

◎ 健康保険と国民健康保険

	健　康　保　険	国　民　健　康　保　険
保険者	全国健康保険協会，健康保険組合	都道府県等，国民健康保険組合
組合	単一型は700人以上，総合型は3,000人以上で，厚生労働大臣の認可。法人	同種の事業，業務に従事する者300人以上で，知事の認可。法人
保険給付	療養の給付　　　　　　出産手当金 入院時食事療養費　　　家族療養費 入院時生活療養費　　　家族訪問看護療養費 保険外併用療養費　　　家族移送費 訪問看護療養費　　　　家族埋葬料 療養費　　　　　　　　家族出産育児一時金 移送費　　　　　　　　高額療養費 傷病手当金　　　　　　高額介護合算療養費 埋葬料（費）　　　　　（付加給付） 出産育児一時金	療養の給付　　　　　◎特別の理由があれば 入院時食事療養費　　　行わないことができ 入院時生活療養費　　　るもの 保険外併用療養費　　　　出産育児一時金 訪問看護療養費　　　　　葬祭費の支給 療養費　　　　　　　◎任意給付 特別療養費　　　　　　傷病手当金 移送費　　　　　　　　出産手当金 高額療養費 高額介護合算療養費
一部負担金	原則：3割 ①　70歳到達月の翌月以後の場合：2割 ②　①の場合に，療養月の標準報酬月額が 　　28万円以上であるとき：3割 　　ただし，①の場合で平成26年4月1日前 　　に70歳に達している被保険者は1割 ②は，被保険者等の前年（1月～8月の療 養の場合は前々年）の収入の額が520万円 （被扶養者がいない者は383万円）以上の者 に限る。	原則：3割 ①　6歳到達年度以前の場合：2割 ②　70歳到達月の翌月以後の場合：2割 ③　②の場合に，同一世帯の②に該当する 　　被保険者等の所得額が145万円以上であ 　　るとき：3割 ③の所得額は，前年（1月～7月の療養の 場合は前々年）のもの。 　収入の額の基準は，左に同じ。ただし， 1月～7月の療養の場合は，前々年の収入 額。
自己負担	上記と同様。ただし，6歳到達年度以前の 被扶養者：2割	
その他		条例，組合規約による減額措置 支払困難と認められる者に対する減免措置 等

【参考】高齢者の医療の確保に関する法律による後期高齢者医療に係る一部負担金
①　原則：1割
②　医療を受ける者，高齢者医療受給対象者（75歳以上の加入者等）の前年（1月～7月の医療に
　ついては前々年）の所得額が145万円以上であるとき：2割
　※　収入の額の基準は，上表に同じ。

◎ 休 業 給 付

労　災　保　険　法	
休 業 （補 償） 給 付	傷 病 （補 償） 年 金

〔趣　旨〕被災労働者の「稼得能力」の喪失を填補する。労災によって生じた「損害」を填補する。

休業（補償）給付

1．**支給事由**
① 療養のため…社会復帰促進等事業たる外科後処置，温泉保養を除く
② 労働ができない…軽作業なら働ける場合は該当しない
③ 賃金がない…平均賃金の100分の60未満を受ける場合も含む
④ 待期通算3日…（業務災害の場合は，労基法による休業補償）
※ 残業中の被災は，その日は休業とならない。

2．**給付の内容**
(1) **給付額**
① 1日につき［給付基礎日額］×6割
② 所定労働時間のうち一部につき労働した場合　［給付基礎日額－賃金］×6割
・給付基礎日額について年齢別の最高限度額の適用を受けているとき（長期療養者が該当）は，［適用前の給付基礎日額－賃金］と［最高限度額］の低い方をとる。
〔併給調整〕厚生年金保険・国民年金から年金が支給される場合の一定率による減額

(2) **給付期間**
支給要件の続く限り行われる。ただし，状況に応じ1年6箇月後，傷病（補償）年金へ

(3) **不支給**（未決拘留の場合を除く）
① 刑事施設に拘禁中，労役場等に留置中
② 少年院，児童自立支援施設，婦人補導院に収容中

3．**通勤災害**
① 療養給付を受ける者は200円（健保の日雇特例被保険者は100円）を一部負担金として出すことになっているが，これは休業給付から控除される。
② 待期3日間には事業主に責任はない。

傷病（補償）年金

1．**支給事由**
・療養開始後1年6箇月を経過した日において，
・又は同日後において
①傷病が治っていないが，
②障害の程度が傷病等級1～3級に該当し，
・その状態が継続している間
(1) **労働基準監督署長の決定**
1年6箇月を経過した日に治っていないときは，同日以後1月以内に「傷病の状態等に関する届」を提出させ，休業（補償）給付に代えて傷病（補償）年金の支給決定をする。
(2) **その後重くなったとき**
1年6箇月経過時の認定では傷病等級に該当せず，引き続き休業（補償）給付が支給されることになった者でも，その後に等級に該当すれば，傷病（補償）年金の支給決定が行われる。
(3) **その後軽くなったとき**
障害の程度が傷病等級に該当しなくなれば，その支給決定は取り消され，支給要件に該当すれば休業（補償）給付が行われる。

2．**給付内容**
・1級　給付基礎日額の313日分
・2級　　〃　　　の277日分
・3級　　〃　　　の245日分
※ その後，障害の程度が変われば額が変わる。

3．**労基法との関係**
療養開始後3年を経過した日に傷病補償年金を受けている場合，又は同日後に受けることになった場合は，その日に労基法による打切補償が支払われたものとみなされ，解雇制限が解除される。

健　康　保　険　法

傷　病　手　当　金

〔趣　旨〕生活の困窮を防ぐため（損害の填補ではない）

1．支給要件
① 療養のため…自費診療でも自宅静養でも，療養のためなら可
② 労務不能…他の軽易な業務にも就かなかったこと
③ 待期連続３日…公休日，年休があってもよい
※ 所定就業時間中に生じた私傷病により労務不能となったときは，待期はその日から起算する。

2．支給金額
　１日につき，支給開始日の属する月以前の直近の継続した12カ月間の各月の標準報酬月額を平均した額の30分の１ $\times \frac{2}{3}$

3．報酬との調整
・報酬の全部又は一部を受けることができる期間は，不支給。
　ただし，［報酬］＜［傷手］のときは，差額を支給。
・全部又は一部を受けることができるはずでも，実際に受けることができなかったときは，［全額又は上記により調整減額した額］を支給する。これは事業主が支払うべき報酬を保険者が支給したものだから，「特別手当金徴収金」として事業主から徴収する。

4．障害厚生年金，任継等の老齢退職年金給付との調整
・同一事由につき障害厚生年金を受けられるとき等は，不支給。
・ただし，［障厚年＋障基年］÷360 ＜［傷手］のとき等は，差額支給。

5．障害手当金との調整
　仮に，障害手当金＝900千円，標準報酬日額＝7,500円とすれば，
　　傷手＝7,500 $\times \frac{2}{3}$ ＝5,000円。900千円÷5,000円＝180日間傷手を不支給

6．出産手当金との関係
　重複する日は，出産手当金のみを支給する。ただし，受けることができる報酬が傷病手当金より少ないときは，その差額が支給される。

7．介護休業手当金との関係
　介護休業期間中でも支給要件に該当すれば，支給される。ただし，報酬と認められるものが支給されているときは，支給額が調整される。

8．支給期間
・［同一の傷病及びそれが原因となって生じた疾病］ごとに，実際の支給開始日（４日目）起算，暦日の１年６月の期間が限度。
・日雇特例被保険者は６月（結核は１年６月）が限度。
・いったん治った後に再発した場合は，支給期間は改めて計算する。
・前傷病がなければ，後の疾病が起こり得ないような場合は，前傷病に関する支給開始日から起算する。

◎ 老 齢 給 付 1 －受給要件－

◇受給資格期間

〔原則〕保険料納付済期間＋保険料免除期間≧10年。ただし，納付済期間＋免除期間＋カラ期間≧10年も可。

〔遺族給付の対象となる老齢給付の受給権取得25年要件の期間短縮の特例〕

(1) 中高齢者の特例

① 40歳（女子は35歳）以後の厚生年金の被保険者期間が右の通りあればよい。ただし，7年6月以上は第4種又は船員任継以外のものであること。

② 35歳以後の第3種又は船員任継としての厚生年金の被保険者期間が右の通りあればよい。ただし，10年以上は船員任継以外のものであること。

S22.4.1以前の生まれ	15年
22.4.2〜23.4.1生まれ	16年
23.4.2〜24.4.1生まれ	17年
24.4.2〜25.4.1生まれ	18年
25.4.2〜26.4.1生まれ	19年

(2) ①厚年期間＋共済等期間，又は
②S36.4.1以後の厚年＋共済等＋一定のカラ期間
が右のとおりあればよい。

S27.4.1以前の生まれ	20年
27.4.2〜28.4.1生まれ	21年
28.4.2〜29.4.1生まれ	22年
29.4.2〜30.4.1生まれ	23年
30.4.2〜31.4.1生まれ	24年

◇老齢給付の受給要件

老齢基礎年金	老齢厚生年金	65歳未満の者に支給される老齢厚生年金
(1)受給資格期間を満たし， (2)65歳に達したとき 《繰下げ》 《繰上げ》あり	(1)受給資格期間を満たし， (2)厚年期間が1月以上あり， (3)65歳に達したとき 《繰上げ》あり 一部に「繰下げ」あり	(1)受給資格期間を満たし， (2)厚年期間が1年以上あり， (3)〔原則〕60歳に達したとき 〔特例〕《女子》《第3種》

◇保険料納付済期間

次の期間を合算したものが，保険料納付済期間となる。

① 第1号被保険者（任意加入を含む）としての保険料納付済期間（半額免除等保険料納付済期間），及び〔旧法〕国民年金の被保険者としての保険料納付済期間

② 第2号被保険者，及び〔旧法〕被用者年金の被保険者期間のうち，20歳以上60歳未満の期間
　➡ 時効により保険料を徴収できない期間は除く。

③ 第3号被保険者期間 ➡ 第2号が時効により保険料を徴収されない期間に係る第3号期間は除く。

　※ 第3号に係る届出が遅れた場合は，届出月の前々月から2年前まで遡ることができるが，それ以前の期間は算入されない。ただし，届出が遅れたことについて「やむを得ない事由」があると認められるときは，不算入期間も算入される。

◇合算対象期間

〔S36.3以前の期間〕

① 通算対象期間

② S61.4以後に国民年金に加入した者のS36.3以前の厚生年金の被保険者期間

〔S36.4から61.3までの期間〕

国民年金（すべて20歳以上60歳未満の期間に限る）

① 国民年金に任意加入できた者が，任意加入しなかった期間

② 国民年金を任意脱退した期間

③ 国会議員のS55.3までの期間（それまでは国会議員は適用除外だった）

④ 在外邦人であった期間（旧法では属地主義により適用除外だった）

⑤ S36.5以後に日本国籍を取得した者又は永住許可を得た者であって，外国人であったため，国民年金に加入できなかった者のS56.12までの国内居住期間（S56.12までは被保険者は日本人に限られていた）

⑥ 上記⑤の者の外国居住期間のうち，国籍取得の前日までの期間，又は，永住許可を受けた日の前日までの期間

⑦ 受給した特別一時金に係る対象保険料納付済期間

⑧ 国民年金に任意加入していたが，保険料を納付しなかった期間

被用者年金

① S61.3 31現在で55歳未満の者が，同日において受けている退職年金，減額退職年金の年金額の計算の基礎となった共済組合の組合員期間

② 国民年金，厚生年金の被保険者期間，共済組合の組合員期間以外の通算対象期間（S37までの地方公務員の退職金条例の基づく期間などのこと）

③ 被保険者期間，組合員期間のうち20歳前及び60歳以後の期間

④ 厚生年金，船員保険の脱退手当金を受けた者の計算の基礎となった期間（S61.4以後，65歳に達するまでの間に保険料納付済期間又は保険料免除期間がある者に限る）

⑤ 一定の退職一時金の計算の基礎となった共済組合の組合員期間（①②③の期間を除く）

〔S61.4以後の期間〕

① 第2号被保険者の20歳前及び60歳以後の期間

② 国民年金に任意加入しなかった期間（H3.3までの学生など）

③ 国民年金の任意加入被保険者が保険料の納付を行わなかった期間

(注) 厚生年金の20歳前及び60歳以後の期間，S36.3以前の被保険者期間は，老齢基礎年金では合算対象期間（カラ期間）であるが，老齢厚生年金の年金額の計算，障害基礎（厚生）年金，遺族基礎（厚生）年金の場合には，保険料納付済期間である。

◇第3種の被保険者期間

老齢基礎年金の受給資格期間を計算するときは，S61.3までは実期間を3分の4倍し，S61.4～H3.3の間は5分の6倍する。

(注) 老齢基礎年金の年金額，障害基礎年金と遺族基礎年金の納付済期間の計算は実期間による。

◎ 老 齢 給 付 2 −年金の額（改正前の額を保障）−

老 齢 基 礎 年 金

年金額の計算の原則と特例

①780,900円×改定率……被保険者期間の月数が480（40年）のとき

※ ただし，令和2年度の年金額は781,700円である。

②老齢基礎年金の額×$\dfrac{\text{保険料納付済期間の月数等を合算した月数}}{480}$

〔特例〕T15.4.2〜S16.4.1生れの者は加入可能月数（300〜468）による。

◎合算対象期間と学生等の保険料納付特例期間だけの場合

合算対象期間等しかなく，それだけで受給資格期間を満たし，振替加算の対象者に該当するときは，振替加算額相当額の老齢基礎年金を支給する。

※ 他の老齢・退職年金を受けられるときは支給しない。繰下げはできない。

振替加算（夫婦ともT15.4.2以後生れの場合）

(1) ①S41.4.1生れまでの受給権者（妻又は夫）が65歳に達した日に，②老厚年（退共年），1・2級障厚年（障共年）の受給権者たるその者の配偶者（夫又は妻）によって生計を維持しており，かつ，③65歳到達日の前日において，これら年金の加給年金額の計算の基礎となっていた場合には，振替加算が加算される。

(2) 受給権者（妻）が年上の場合には，65歳到達日以後の，配偶者（夫）が老厚年（退共年）の受給権者となったときから加算される。

※ 上記◎の場合，他の老齢・退職年金を受けられる場合には，加算はない。

付加年金

(1) 200円×付加保険料納付済期間

(2) 旧法時代に掛けた付加保険料も有効

《繰上げ支給による老齢基礎年金の支給停止》

受給権者（S16.4.1以前生れの者）が国民年金の被保険者である間

《合算対象期間等だけで支給される老齢基礎年金》《振替加算額》

受給権者が障害給付（基礎・厚年・共済等）を受けることができる間

老　齢　厚　生　年　金	65歳未満の者に支給される老齢厚生年金

報酬比例の年金額（次の①②の額の合算額。）

①平均標準報酬月額 $\times \dfrac{9.500\sim7.125}{1,000} \times$ H15.4.1前の被保険者期間の月数

②平均標準報酬額 $\times \dfrac{7.308\sim5.481}{1,000} \times$ H15.4.1以後の被保険者期間の月数

経過的加算（①－②の額） ①1,628円×改定率×政令で定める率×被保険者期間の月数（480を限度） ②老齢基礎年金の額× $\dfrac{\text{S36.4以後の20歳以上60歳未満の被保険者期間の月数}}{\text{加入可能月数（生年月日に応じ300～480）}}$	**定額部分**（一般男子はS24.4.1生れ，一般女子はS29.4.1生れまで） 　1,628円×改定率×政令で定める率×被保険者期間の月数（480を限度） ・生年月日に応じ，60～64歳から65歳までの間，支給される。

※　S21.4.1以前生れは，生年月日に応じ，政令で定める率は1.875～1.032，被保険者期間の月数（②を除く）の限度は468～420

加給年金額――被保険者期間が20年（中高齢者の特例15～19年）以上の受給権者に支給。（配偶者がT15.4.1以前生れの場合→65歳以後も）

①65歳未満の配偶者，第1子・第2子――各224,700円×改定率　②第3子以降――各74,900円×改定率

配偶者特別加算――S9.4.2以後生れの受給権者に，「その生年月日に応じた額（33,200円～165,800円）」×改定率を加算

《被保険者（在職者）に対する支給停止》（加給年金額を除く）　※基本月額＝年金額（加給年金額を除く）$\times \dfrac{1}{12}$

◎H14.4.1以後に受給権を取得した者が対象 支給停止基準額 ＝（総報酬月額相当額＋基本月額－支給停止調整変更額）$\times \dfrac{1}{2} \times 12$	総報酬月額相当額＋基本月額＞支給停止調整開始額のとき ――所定額を支給停止
支給停止調整変更額＝47万円（令和2年度）	支給停止調整開始額＝28万円（令和2年度）

《雇用保険の保険給付との併給調整》

◎繰上げ支給を受けている者が対象	◎H10.4以後に受給権を取得した者が対象

①　受給資格に基づいて，公共職業安定所において求職の申込みをしたとき――所定の期間，全額を支給停止

②　被保険者である月において，高年齢雇用継続給付の支給を受けるとき――標準報酬月額の1割相当額を上限とする額を支給停止

《配偶者加給年金額（特別加算を含む）の支給停止》 　配偶者が，①障害給付，②老齢（退職）年金〈被保険者期間等が20年（中高齢者の特例15～19年）以上あるものに限る〉を受けられる間	**《子に係る加給年金額の支給停止》** 　加給年金額の算定対象である子が，国民年金法による障害基礎年金の加算対象となっているとき（全額支給停止の場合を除く）は，その間，加算額相当部分は支給停止。
	《繰上げ支給の老齢基礎年金を受給中の支給停止》 ①S16.4.1以前生れの受給権者――全額を支給停止 ②「報酬比例部分＋定額部分」の額を受ける受給権者（①を除く）――定額部分相当額を支給停止

◎ 老 齢 給 付 3 －支給繰上げ，支給繰下げ－

◇老齢基礎年金の《支給繰上げ》

〔要　件〕老齢基礎年金の受給要件を満たしていて，①任意加入被保険者でないこと，支給の一部繰上げを請求
　　　　　できる者でないこと，②S16.4.1以前に生まれた者は，国民年金の被保険者でないこと。
　　　　　※老齢厚生年金の支給繰上げの請求ができる場合は，同時に行うこと。

〔減　額〕減額率は，1,000分の5に，支給繰上げの請求をした日の属する月から65歳に達する日の属する月の
　　　　　前月までの月数を乗じて得た率。

◇老齢基礎年金の《一部支給繰上げ》

〔要件1〕次の者のうち，国民年金の任意加入被保険者でないこと。
　　　　　①　男子であってS16.4.2～S24.4.1の間に生まれた者，女子であってS21.4.2～S29.4.1の間
　　　　　　　に生まれた者で，特例支給による老齢厚生年金（報酬比例部分の額のみ）が支給されているもの
　　　　　②　他の被用者年金各法の退職共済年金（①に相当するもの）の受給権者

〔要件2〕次の者のうち，受給資格期間を満たしている60歳以上の者で，任意加入被保険者でないこと。
　　　　　①　男子であってS28.4.2～S36.4.1の間に生まれた者，女子であってS33.4.2～S41.4.1の間
　　　　　　　に生まれた者，第3種被保険者期間を15年以上有する者であってS33.4.2～S41.4.1の間に生ま
　　　　　　　れた者で，特例支給による老齢厚生年金の支給開始年齢に達していないもの
　　　　　②　他の被用者年金各法における①に相当する者
　　　　　※老齢厚生年金の支給繰上げの請求ができる場合は，同時に行うこと。

〔減　額〕老齢基礎年金×（1－政令で定める率）＋政令で定める額

◇老齢厚生年金の《支給繰上げ》

〔要　件〕次の者のうち，受給資格期間を満たしている60歳以上65歳未満の者で，国民年金の第1号被保険者で
　　　　　ないこと。
　　　　　①　男子であってS36.4.2以後に生まれた者（③を除く）
　　　　　②　女子であってS41.4.2以後に生まれた者（③を除く）
　　　　　③　坑内員たる被保険者であった期間，船員たる被保険者であった期間を合算した期間が15年以上あ
　　　　　　　る者で，S41.4.2以後に生まれたもの

〔減　額〕政令で定める額

老齢基礎年金と老齢厚生年金の《支給繰下げ》

〔要　件〕① 　65歳に達した（高齢任意加入者などが65歳以後に受給権を取得した）ときに，老齢給付以外の年
　　　　　　　金給付の受給権者でないこと
　　　　　　② 　老齢厚生年金の支給繰下げの申出ができるのは，老齢厚生年金の受給権を有する者（平成19年4
　　　　　　　月1日前に有する者を除く）で，受給権を取得した日から起算して1年を経過した日前に老齢厚生
　　　　　　　年金の請求をしていないこと
　　　　　　※老齢基礎年金と老齢厚生年金の受給権がある者は，同時に繰り下げる。
〔増　額〕増額率は，1,000分の7に，受給権を取得した日の属する月から支給繰下げの申出をした日の属する
　　　　　月の前月までの月数（60月を限度とする）を乗じて得た率。
　　　　　ただし，S16.4.1以前生れの者については，受給権を取得した日から起算して支給繰下げの申出を
　　　　　した日までの期間に応じて，0.12（1年を超え2年以下）～0.88（5年超）とされる（5段階）。

◎ 障害給付 1 −障害の取扱い−

労　災　保　険

障　害　（補　償）　給　付

1 級〜 7 級 … 年金
8 級〜14級 … 一時金
等級の準用 … 等級表にない障害については等級表に準じて等級を決める。

◎障害等級の併合
〔ケース〕同一事故により 2 以上の障害が残る場合
〔原　　則〕一番重い障害等級をとる。
〔繰上げ〕次の場合は重い方の等級を繰り上げる。
   ① 　13級以上が 2 以上あるとき　　1 級繰上げ
   ② 　8 級以上が　　　　〃　　　　　2 級　〃
   ③ 　5 級以上が　　　　〃　　　　　3 級　〃
   ※ 9 級＋13級の場合は， 8 級となるが，支給額は，その合算額となる。（唯一の例外）

◎加重障害
〔ケース〕既往障害（業務上外は不問）のあった者が業務上の傷病により同一部位の障害を重くし
   た場合（再発により重くなった場合も）
〔取扱い〕① 　共に年金のとき…差額＋加重前の額
   ② 　共に一時金のとき…差額（一時金）
   ③ 　一時金と年金のとき…〔加重後の額〕−〔加重前の一時金の25分の 1 〕（年金）

◎障害等級の変更（ただし，年金の場合のみ）
〔ケース〕自然的経過により増悪・軽減した場合
〔取扱い〕請求により監督署長が変更決定。

◎同一事故でなく，同一部位でもなければ重複支給される。（二年金では，併合）

◎国民年金20歳 　前障害による 　障害基礎年金	・20歳前に初診日のある傷病により， 　①障害認定日以後に20歳に達したと 　きはその日，②障害認定日が20歳到 　達日後のときは障害認定日に，障害 　等級に該当するときに支給される。	・65歳前に等級に該当するに至った場 　合も支給される（事後重症）。 ・初診日が36. 4. 1前で，61. 4. 1以後 　70歳未満であるときに初めて等級に 　該当するときも支給される。

国　民　年　金	厚生年金保険
障　害　基　礎　年　金	障　害　厚　生　年　金
1級：日常生活の用を弁ずることが不可能な程度のもので，他人の介助を受けなければ，ほとんど自分の用を足せない程度。 2級：日常生活が著しい制限を受けるか，日常生活に著しい制限を加えることを必要とする程度のもので，日常生活が困難で稼得労働ができない程度。	・3級がある ・軽度の障害に「障害手当金」がある （51頁参照）

※〔被保険者〕——国民年金では「被保険者であった者で国内居住の60歳以上65歳未満の者」を含む。

◎一般的な要件　初診日において〔被保険者〕であった者が，障害認定日において障害等級に該当する状態にあるとき。保険料納付要件を満たしていること。

◎事後重症　障害認定日には障害等級に該当しなかったが，その後その症状が悪化して該当するに至ったとき。（65歳前であること）（3級が2級になったときを含む）

◎基準傷病　〔被保険者〕であった間に初診日のある基準傷病による基準障害と，その初診日以前に初診日のある傷病による障害を併合して基準傷病に係る障害認定日以後，初めて1級又は2級に該当するに至ったとき。（①65歳前であること，②保険料納付要件は基準傷病の初診日の前日において問うこと，③3級と3級は原則として併合しないが，併合して2級以上に該当する場合は，それと3級の年金のいずれかを選択すること）

◎併給の調整
(1)　1・2級の受給権者に，さらに1・2級の支給事由が生じたときは，前後の障害を併合した障害の程度による新たな受給権が生じ，旧受給権は消滅する。この場合，前発の年金が支給停止されているときは，併合したものでなく後発分が支給され，後発分が支給停止されるべきときは前発分が支給される。（なお，障害厚生年金では，併合認定された年金額が従前の年金額より下がる場合は，従前の額に相当する額とする。）
(2)　1・2級の受給権者に，その後「その他障害」が発生し障害の程度が増進したときは，改定請求できる。（①「その他障害」の初診日に〔被保険者〕であり，②その前日において保険料納付要件が問われること，③65歳前であること）
(3)　1・2級の受給権者が，障害が軽快して支給停止されている間に「その他障害」が生じ，併合して1・2級に該当したときは，支給停止を解除して，その等級の年金を支給する。（要件は上記(2)に同じ）。
(4)　旧法による国民年金，被用者年金の1・2級障害年金の受給権者に，さらに障害基礎年金の受給権が生じたときは，併合された程度による障害基礎年金を支給する。この場合は旧受給権は消滅せず，いずれかを選択する。

福祉的年金だから，①恩給法の年金給付（増加恩給を除く）や労災の年金給付を受けられるとき，②刑事施設，労役場，少年院に拘禁等されているとき（未決拘留の場合を除く），は支給停止され，③前年所得が一定額を超えるときは，額に応じて〔全部又は2分の1〕が支給停止される。

労 災 保 険	国 民 年 金 ・ 厚 生 年 金 保 険
障 害 （補 償） 給 付	障害基礎年金と障害厚生年金

労災保険	国民年金・厚生年金保険
障害（補償）年金の額 　給付基礎日額の 　　1 級　313日分 　　　〜 　　7 級　131日分	〔保険料納付要件〕 (1)　①初診日の前日において，②初診日の属する月の前々月までに国民年金の被保険者期間があるときは，③その被保険者期間に係る保険料納付済期間＋免除期間が被保険者期間の 3 分の 2 以上あること。 (2)　初診日の前日において，初診月の前々月までの 1 年間に国民年金保険料未納期間がなければよい。（第 1 号被保険者であった者で60歳以上65歳未満のものは，直近の被保険者期間に係る 1 年間） ※　資格取得月又はその翌月に初診日がある者は，この要件は問われない。

労災保険	基礎年金	厚生年金（次の合算額。）
《障害（補償）年金前払一時金》 ・ 1 級であれば限度額1,340日分を上限として200日，400日，600日，800日，1,000日，1,200日分 ・各級の限度額は労基法の障害補償と同額 ・一事由 1 回に限る。 　原則は請求と同時に行うが，決定通知のあった日から 1 年以内ならよい。 ・ 1 年経過後の分は 5 分の単利で割引く。	基礎年金 780,900円×改定率 （令和 2 年度は781,700円） 1 級はこの1.25倍 加　算 ・次の額に改定率を乗じて得た額 第 1 子・第 2 子 　各224,700円 第 3 子以降 　各 74,900円 ※ただし，令和 2 年度の額は 第 1 子・第 2 子 　各224,900円 第 3 子以降 　各 75,000円	・平均標準報酬月額 $\times \frac{7.125}{1,000} \times$ H15.4.1 前の被保険者期間月数 ・平均標準報酬額 $\times \frac{5.481}{1,000} \times$ H15.4.1 以後の被保険者期間月数 (1)　1 級＝合算額$\times\frac{125}{100}$＋配偶者加給年金額 　　2 級＝合算額＋配偶者加給年金額 　　3 級＝合算額 ※各級で障害基礎年金が支給されないときは，障害基礎年金第 2 級の支給額$\times\frac{3}{4}$を保障 ※月数が300未満のときは，300。 ※配偶者加給年金額：224,700円×改定率 (2)　被保険者期間の月数は，障害認定日の属する月までの期間。ただし， 　《事後重症》は，S61.3.31か，どちらか遅い日 　《基準障害》は，基準傷病に係る障害認定日 　《併合認定》は，後発の障害認定日 (3)　配偶者加給年金額は，配偶者が65歳未満のとき ※配偶者がT15.4.1以前生れの場合には，65歳以後も加算。

《障害（補償）年金差額一時金》
・限度額と既支給額との差額
① 生計を同じくしていた
　・配偶者
　・子
　・父母
　・孫
　・祖父母
　・兄弟姉妹
② ①に該当しない上記の者

国民年金・厚生年金保険
額の改定：職権により，また，受給権取得日又は診査日から起算して 1 年を経過した日以後（※）は請求により，行われる。 ※明らかに障害の程度が増進したことが確認できる場合は，1 年経過日前であっても，改定請求を認めるものとされている。 **支給停止**：①年金を受ける程度の障害状態に該当しなくなったとき ②「労働基準法」による障害補償を受けるとき —— 6 年間 ③《配偶者加給年金額》は，配偶者自身が老齢厚生・退職共済年金，障害（基礎，厚生，共済）年金等を受けるとき **失　　権**：①死亡，②併給調整前の旧受給権 ③年金を受ける障害状態に戻らないまま65歳に達したとき ※その障害状態に該当しなくなった時点から65歳に達するまでの間が 3 年未満のときは 3 年を経過したとき。

労 災 保 険	厚 生 年 金 保 険
障害（補償）一時金	障 害 手 当 金
・給付基礎日額の 　　8級　503日分 　　〜 　　14級　56日分 ・後日増悪しても等級変更はない	〔要件〕・被保険者だった間に初診日のある傷病により，それから5年以 　　　　　内の傷病が治った日に軽度の障害がある場合。保険料納付要件 　　　　　は，年金の場合と同じ 　　　　・公的年金給付，障害（補償）給付の受給権者には原則として支 　　　　　給しないが，<u>3級にも該当せず3年を経過した障害厚生年金受</u> 　　　　　<u>給権者は受給対象となる。</u> 〔額〕　　［3級の年金額］×2 　　　　月数は300月を，額は障害基礎年金額 $\times \frac{3}{4} \times 2$ を最低保障

障害給付　3　−併給調整−

障害厚生年金の併給調整

営業者等期間中の障害との併合

　1・2級「障害厚生年金」の受給権者（3級以下に軽快したものを含む）に，<u>別の傷病による障害</u>で「障害基礎年金」の受給権が発生した場合は，前後の障害を併合した「障害基礎年金」が支給されるが，「障害厚生年金」についても，前後の障害（厚生年金の被保険者だったときの障害と自営業者等であったときの障害）を併合した障害程度に応じて，額が改定される。これには「その他障害」によるものも含まれる。

◎ 遺族の範囲1 ― 労働基準法・労災保険法 ―

	労 働 基 準 法	労 災 保 険 法
		遺 族 補 償 給 付
	遺 族 補 償	遺 族 補 償 年 金
遺族となる者の範囲	(1) 配偶者 　生計維持関係，生計同一関係とも要求されない。事実上の婚姻関係にある者を含む (2) 労働者の死亡の当時，その収入によって生計を維持し，又はこれと生計を一にしていた， 　① 子 　② 父母（養父母 → 実父母） 　③ 孫 　④ 祖父母 (3) 上記(1)(2)がいない場合（(4)(5)も同じ）には，上記(2)以外の， 　① 子 　② 父母 　③ 孫 　④ 祖父母 (4) 労働者の死亡の当時，その収入によって生計を維持し，又はこれと生計を一にしていた，兄弟姉妹 (5) 上記(4)以外の兄弟姉妹 ※ただし，(3)〜(5)の遺族については，労働者が遺言等で特定の者を指定したときは，その者となる。	(1) 労働者の死亡の当時，その収入によって生計を維持していた， 　① 配偶者（事実上の婚姻関係にあった者を含む） 　② 子 　③ 父母 　④ 孫 　⑤ 祖父母 　⑥ 兄弟姉妹 　ただし，妻以外は，死亡の当時5級以上の障害の状態にあるか，次の年齢要件に該当すること。 〈夫・父母・祖父母〉……60歳以上 〈子・孫〉……18歳に達する日以後の最初の3月31日までの間 〈兄弟姉妹〉…18歳に達する日以後の最初の3月31日までの間又は60歳以上 (2) 労働者の死亡の当時，その収入によって生計を維持していた，55歳以上60歳未満の夫・父母・祖父母・兄弟姉妹 ※ただし，5級以上の障害の状態にある者を除き，60歳に達する月まで支給停止。 　この場合でも，遺族補償年金前払一時金は請求できる。
その他	配偶者以外は，生計維持関係又は生計同一関係が基本要件。	生計維持関係が絶対要件。 ※胎児…35頁参照

遺 族 補 償 一 時 金	障害補償年金差額一時金
(1) 配偶者 　生計維持関係・生計同一関係とも要求されない。事実上の婚姻関係にあった者を含む (2) 労働者の死亡の当時，その収入によって生計を維持していた， 　① 子 　② 父母 　③ 孫 　④ 祖父母 (3) 上記(2)以外の， 　① 子 　② 父母 　③ 孫 　④ 祖父母 (4) 兄弟姉妹 　生計維持関係・生計同一関係とも要求されない。	(1) 労働者の死亡の当時，その者と生計を同じくしていた， 　① 配偶者（事実上の婚姻関係にあった者を含む） 　② 子 　③ 父母 　④ 孫 　⑤ 祖父母 　⑥ 兄弟姉妹 (2) 上記(1)以外の， 　① 配偶者（同上） 　② 子 　③ 父母 　④ 孫 　⑤ 祖父母 　⑥ 兄弟姉妹
配偶者・兄弟姉妹以外は，生計維持関係が基本要件。	生計同一関係が基本要件。

◎ 遺族の範囲 2 　－ 国民年金法・厚生年金保険法 －

	国　　民　　年　　金　　法		
	遺　族　基　礎　年　金	寡　婦　年　金	死　亡　一　時　金
遺族となる者の範囲	被保険者等の死亡の当時，その者によって生計を維持していた「配偶者又は子」 ①配偶者は，②の子と生計を同じくすること。 ②子は，18歳に達する日以後の最初の3月31日までの間にあるか，20歳未満で1級又は2級の障害の状態にあり， かつ，現に婚姻をしていないこと	夫の死亡の当時，夫によって生計を維持していた「妻」 ①夫との婚姻関係（事実婚を含む）が10年以上継続していること。 ②65歳未満であること。	死亡者の死亡の当時，その者と生計を同じくしていた，「配偶者」「子」「父母」「孫」「祖父母」又は「兄弟姉妹」
その他	※胎児…35頁参照 ※受給権発生に関して配偶者と子の間に順位の上下はないが，配偶者に支給する場合（所在不明により支給停止されているときを除く）には，子は支給停止となる。	〈夫の要件〉 ①第1号被保険者としての「保険料納付済期間＋保険料免除期間」が10年以上あること。 ②障害基礎年金の受給権を有したことがないか，又は老齢基礎年金の支給を受けていないこと。 〈支給開始月〉 妻が60歳に達した日の属する月（夫死亡当時：60歳以上の妻にあっては，夫の死亡月）の翌月。	〈死亡した者の要件〉 ①第1号被保険者としての保険料納付済期間が3年以上あること。 ②老齢基礎年金又は障害基礎年金の支給を受けたことがないこと。 ※子が遺族基礎年金の受給権を取得した場合，その取得当時その子と生計を同じくするその子の父又は母があるときは，その遺族基礎年金は支給停止されるため，この場合には，死亡した当時，生計同一関係があった配偶者に支給される。

厚 生 年 金 保 険 法

遺 族 厚 生 年 金

被保険者等の死亡の当時，その者によって生計を維持していた，

「配偶者又は子」「父母」「孫」「祖父母」

　ただし，妻以外は，次の年齢要件等に該当すること。

〈夫・父母・祖父母〉……55歳以上，又は障害等級１級・２級の該当者（平成８年４月前の死亡の場合）

〈子・孫〉……18歳に達する日以後の最初の３月31日までの間にあるか，20歳未満で１級又は２級の障害の状態にあり，かつ，現に婚姻をしていないこと。

※胎児…35頁参照

※障害の状態は，満18歳到達年度末までになった場合を含む。

〈支給停止〉

(1)　**夫，父母，祖父母に対する支給停止**

　　受給権者が60歳に達するまでの間（夫については，夫が遺族基礎年金の受給権を有するときは，夫が60歳未満でも遺族厚生年金は支給停止されない）

(2)　**子に対する支給停止**

　　配偶者が遺族厚生年金の受給権を有する間

(3)　**配偶者に対する支給停止**

　　配偶者が遺族基礎年金の受給権を有せず，子が有する間

(4)　**夫に対する支給停止**

　　子が受給権を有する間

◎ 遺 族 給 付 1 －受給要件，受給権者，年金の額等－

労 災 保 険	国 民 年 金
遺 族 （ 補 償 ） 給 付	遺 族 基 礎 年 金

受給要件・受給資格者・受給権者

労災保険（遺族（補償）給付）

1．労働者が業務上（通勤により）又は業務上の（通勤による）傷病が原因で死亡した場合
2．受給権者の順位
(1) 死亡時に生計を維持していた《配子父孫祖兄》の順である。ただし，次の要件
　① 夫，父母，祖父母は60歳以上か，障害者
　② 子，孫は「18歳到達年度末まで」か，障害者
　③ 兄弟姉妹は「18歳到達年度末まで」か60歳以上，又は障害者
(2) 上記の遺族がいないときは，生計を維持していた55歳以上60歳未満の《夫，父母，祖父母，兄弟姉妹》が受給権者となる。
　　ただし，60歳まで支給停止。
◎受給権が失権した場合，同順位者がいなければ次順位者に「転給」する。
◎本人や遺族を殺した者等の「欠格条項」あり

国民年金（遺族基礎年金）

1．死亡者
① 老齢基礎年金の受給資格期間を満たした者
② 老齢基礎年金の受給権者
③ 被保険者
④ 被保険者だった者で国内居住，60歳以上65歳未満の者 —— 旧法の被用者年金被保険者（組合員）だった者を含む
※ ①②については，保険料納付済期間，保険料免除期間及び合算対象期間を合算した期間が25年以上必要。

2．保険料納付要件
　上記③④の者は，死亡日の前日において，死亡月の前々月までの国民年金の保険料納付要件が問われる。要領は障害（基礎・厚生）年金に同じ。

3．受給権者
① 『子』と生計を同じくする配偶者
② 『子』

年金の額など

労災保険

受給権者が
1人のとき：給付基礎日額の　　　　　153日分
　　　　　　55歳以上又は障害の妻　175日分
　｛　　：2人以上のときは，等分　｝
4人以上　：　　　　　　　　　　　　245日分

《遺族（補償）年金前払一時金》
・1,000日分（労基法の遺族補償額）を限度。
・上記(2)の55歳以上60歳未満の夫等も請求可。
・初めてであれば，転給後の受給権者も請求可。
◎そのほか障害（補償）前払一時金に同じ。

《遺族（補償）一時金》
① 受給資格者がいないとき　　1,000日分
② 失権差額一時金　　1,000日分との差額
受給権者
①配偶者
②生計維持の《子，父母，孫，祖父母》
③生計維持のない《子，父母，孫，祖父母》
④兄弟姉妹

国民年金

1．年金額　780,900円×改定率（令和2年度の年金額は781,700円）
2．子の加算額（次表の額×改定率）

子の数	受 給 権 者	
	配偶者の場合	子の場合
1人　①	224,700円 （224,900円）	0 円
2人　②	①＋224,700円 （224,900円）	224,700円 （224,900円）
3人以上	①＋②	②
（1人につき）	＋74,900円 （75,000円）	＋74,900円 （75,000円）

（　）は，令和2年度の加算額。

※ 遺族給付の受給パターン
　遺族給付の最重点は配偶者と『子』。寡婦加算等は，基礎年金を厚生年金が肩代わりしているもの。要するに，基礎部分を国民年金から出すか，厚生年金から出すか，財布の出どころが違うだけ。

厚 生 年 金 保 険

遺 族 厚 生 年 金

1．死亡者

(1) 長期要件 ┌ ① 老齢厚生年金の受給資格期間を満たした者
　　　　　　 └ ② 老齢厚生年金の受給権者

(2) 短期要件 ┌ ③ 被保険者
　　　　　　 │ ④ 資格喪失後，被保険者期間中に初診日がある傷病により初診日から起算して5年以内
　　　　　　 │　 に死亡したとき
　　　　　　 └ ⑤ 1級・2級障害厚生年金の受給権者が死亡したとき

※ 長短両方に該当する場合，別段の申出なければ《短期》とみなす。

※ ①②については，保険料納付済期間，保険料免除期間及び合算対象期間を合算した期間が25年以上必
要。

3．受給資格者と受給権者の順位（死亡時点で確定。転給はない）

配偶者	夫：55歳以上又は障害者	第一順位	父　母	55歳以上又は障害者	第2順位
	妻：（注）55頁参照	で同順位	『孫』	（注）55頁参照	第3順位
『子』	（注）55頁参照		祖父母	55歳以上又は障害者	第4順位

1．年金額　　　長期要件の場合：老齢厚生年金額の4分の3

　　　　　　　　　短期要件の場合：障害厚生年金額の4分の3

2．寡婦加算額

(1) 中高齢寡婦加算（40歳以上65歳未満）　　　遺族基礎年金額の4分の3

　① 受給権取得時に40歳以上であるとき

　② 『子』育てが終わったときに40歳以上であるとき

　　長期要件では，20年（中高齢者の特例15～19年）以上あること

(2) 経過的寡婦加算（長期要件に該当する場合。65歳以上の妻に）

　① 受給権取得時に65歳以上であるとき

　② 中高齢寡婦加算を受けていて65歳に達したとき

　　加算額は，S 2.4.1以前生れの寡婦は遺族基礎年金額の4分の3とし，S 31.4.2以後生れの寡婦が0
となるよう逓減する。

3．遺族基礎年金を受けられないときの加算（遺族基礎年金相当額）　⇐ 肩代わり

『子』のある配偶者，『子』

遺族厚生年金
遺族基礎年金 ⇐ 海外

『子』のない妻

遺族厚生年金
寡婦加算

その他の遺族

遺族厚生年金
加　　算
（上記2・3）

◎ 遺 族 給 付 2 －支給停止，失権，国民年金独自の遺族給付－

1．支給停止

労　災　保　険	国　民　年　金
遺　族　補　償　年　金	遺　族　基　礎　年　金
1年以上所在不明のとき	

	労働基準法の規定による遺族補償が行われるとき（6年間）
	『子』に対する年金は： ①　配偶者に支給されている間（所在不明により支給停止されている場合を除く） ②　生計を同じくするその子の父又は母があるときは，その間

2．失　権（主要事項のみ）

①　婚姻したとき（事実婚を含む）➡（実家の氏に戻る復氏は，これとは関係ない）
②　直系血族，直系姻族以外の者の養子となったとき（事実上の養親子関係を含む）
　　※「連れ子」して再婚すると妻は失権するが，子にとって新夫は母の直系姻族となる。
③　養子だった者が離縁によって死亡した人との親族関係が終了したとき

3．国民年金独自の遺族給付

寡　婦　年　金

(1)　受給要件
　　夫：①死亡日の前日において死亡月の前月までに，第1号としての保険料納付済期間＋免除期間≧10年
　　　　②老齢基礎年金，障害基礎年金を受給していないこと
　　妻：①生計維持関係
　　　　②10年以上の婚姻関係
(2)　支　給　額
　　妻が60歳以上65歳未満の間（最長期間），夫の老齢基礎年金額の4分の3
(3)　支給停止
　　労働基準法の規定による遺族補償が行われるときは，死亡日から6年間
(4)　失　権
　・65歳に達したとき
　・死亡，婚姻，養子縁組
　・老齢基礎年金の繰上げ受給

●若くして未亡人となった妻　①『子』育て中……遺族基礎年金
　　　　　　　　　　　　　　　　　　　⇓
　　　　　　　　　　　　　②60歳以上65歳未満……寡婦年金
　　　　　　　　　　　　　　　　　　　⇓
　　　　　　　　　　　　　③65歳以後…………老齢基礎年金

厚 生 年 金 保 険

遺 族 厚 生 年 金

① 子に対する年金は：配偶者が受給権を有する間
② 配偶者に対する年金は：遺族基礎年金の受給権が『子』にあって配偶者にないときは，その間

死 亡 一 時 金

(1) 受給要件

死亡者：①死亡日の前日において死亡月の前月までに，第１号被保険者としての保険料納付済期間の月数
と４分の１免除期間の月数の４分の３と半額免除期間の月数の２分の１と４分の３免除期間の
月数の４分の１を合算した月数が36月以上あること

②老齢基礎年金，障害基礎年金を受給していないこと

③旧法の年金，裁定替えによる遺族基礎年金を受給していないこと

◎次の場合は支給しない。

① 遺族基礎年金を受けることができる者があるとき

② 胎児が生まれ，その子又は妻が遺族基礎年金を受けることができるようになったとき

◎子が遺族基礎年金の受給権を取得した当時，その子と生計を同じくする父又は母があるときは，支給停止
される。このときは配偶者に支給される。

(2) 遺族の範囲 生計を同じくしていた《配，子，父，孫，祖，兄》の順

(3) 支給額

・保険料納付要件月数による

36月以上180月未満　120,000円	180月以上240月未満　145,000円	240月以上300月未満　170,000円
300月以上360月未満　220,000円	360月以上420月未満　270,000円	420月以上　　　　　　320,000円

・付加保険料を３年以上納付している場合は，＋8,500円

(4) 調　整

寡婦年金とは選択である。遺族基礎年金を受けることができるときは，遺族基礎年金を支給する。

◎ 年金給付・一時金等の支給決定・裁定

労 災 保 険	国 民 年 金	厚 生 年 金 保 険
事業場の所在地を管轄する**労働基準監督署長**が決定 ① 保険給付 ② 労災就学等援護費の支給 ③ 特別支給金の支給 ④ その他	**厚生労働大臣**が裁定 ① 老齢基礎年金 ② 障害基礎年金 ③ 遺族基礎年金 ④ 寡婦年金 ⑤ 死亡一時金 ⑥ 脱退一時金 ⑦ 特別一時金	**実施機関**が裁定 ① 老齢厚生年金 ② 障害厚生年金 ③ 障害手当金 ④ 遺族厚生年金 ⑤ 脱退一時金 ⑥ 脱退手当金

◎ 離婚等の分割

	離婚等をした場合における特例	被扶養配偶者である期間についての特例
標準報酬の改定・決定の請求	次のいずれかに該当するときに，当事者は請求することができる。 ① 当事者が，請求および請求の按分割合について合意しているとき ② 当事者の一方の申立てに基づき，家庭裁判所が請求すべき按分割合を定めたとき	特定被保険者が被保険者であった期間中に被扶養配偶者を有する場合，被扶養配偶者は特定被保険者と離婚等をしたときに請求することができる。
標準報酬の改定・決定	当事者それぞれの第2号改定者の対象期間標準報酬総額の合計額に対する第2号改定者の割合を超え2分の1以下の範囲で定める。	特定被保険者および被扶養配偶者の標準報酬月額に2分の1を乗じて得た額に改定する。
年金額の改定	標準報酬の改定請求のあった月の翌月から改定される。	

⊙ 労災保険給付と特別支給金

労 災 保 険 給 付		普通の特別支給金		ボーナス特別支給金	
・損害填補が目的。 ・第三者行為災害の場合は〔求償〕又は〔控除〕を行う。		・社会復帰促進等事業として行われる。 ・第三者行為災害の場合でも〔求償〕〔控除〕はしない。			
〔ベース〕休業（年金）給付基礎日額		休業給付基礎日額		算定基礎日額	
〔名　称〕		○○特別支給金		○○特別年金，特別一時金	
休業（補償）給付	$\frac{60}{100}$	休業特別支給金	$\frac{20}{100}$		
傷病（補償）年金	1級　313日 〜　　〜 3級　245日	傷病特別支給金 （一時金）	114万円 〜 100万円	傷病特別年金	313日 〜 245日
障害（補償）年金	1級　313日 〜　　〜 7級　131日	＊ 障害特別支給金 （一時金）	342万円 〜 159万円	障害特別年金	313日 〜 131日
障害（補償）一時金	8級　503日 〜　　〜 14級　56日		65万円 〜 8万円	障害特別一時金	503日 〜 56日
障害（補償）年金 差額一時金	限度額との差額			障害特別年金 差額一時金	左に同じ
遺族（補償）年金	1人　　153日 一定の妻 175日 4人以上 245日	遺族特別支給金 （一時金） 第1順位者に	300万円	遺族特別年金	153日 175日 245日
遺族（補償）一時金	①受ける遺族がいないとき　　1,000日分 ②差額 　1,000日分との差額			遺族特別一時金	左に同じ

障害特別支給金：《傷病特別支給金》を受けた者には，その既支給額を超えるときに限り［障害特別支給金］－［傷病特別支給金］の差額を支給する。	〈特別加入者〉にはない

〔時　効〕　休業特別支給金のみ2年，それ以外は5年。

〔所得税〕　特別支給金には所得税は課税されない。

◎ 介護（補償）給付

支給要件	障害（補償）年金又は傷病（補償）年金の1級の者又は2級の者（精神神経障害及び胸腹部臓器障害の者等一定のものに限る）であって、常時又は随時介護を要する状態にあり、**かつ、常時又は随時介護を受けている者**に対して、被災労働者の請求に基づいて、以下のとおり、介護（補償）給付が行われる。ただし、その者が病院、診療所等に収容されている場合は行われない。

支給対象者の範囲	障害等級	1級	① 神経・精神の著しい障害により〈常時介護〉 ② 胸腹部臓器の著しい障害により〈常時介護〉
			◎ 次の障害は、1級障害であるが、〈常時介護〉と〈随時介護〉の両方がある。 　　視力障害（両眼失明），咀嚼・言語機能（用廃），上肢障害（両上肢ひじ関節以上亡失，両上肢用廃），下肢障害（両下肢ひざ関節以上亡失，両下肢用廃止）
		2級	① 神経・精神の著しい障害により〈随時介護〉 ② 胸腹部臓器の著しい障害により〈随時介護〉

支給額	1．上記の障害を有する者であって<u>常時介護を要する状態</u>にあり、かつ、<u>常時介護を受けている者</u>に対する支給額 　　① 介護費用として支出した額の実費が支給。ただし上限額は、165,150円。 　　② 親族等により介護を受けており、介護費用を支出していない場合、及び介護費用を支出したが支出額が57,190円を下回る場合は、70,790円。 2．上記の障害を有する者であって<u>随時介護を要する状態</u>にあり、かつ、<u>随時介護を受けている者</u>に対する支給額 　　①の上限額は82,580円、②の下限額は35,400円となる。 3．傷病（補償）年金受給者については、障害（補償）年金受給者に準じる。

◎ 葬 祭 費

	労 災 保 険	健 康 保 険	国 民 健 康 保 険
区分	業務上死亡したとき	被保険者の死亡	条例・規約の定めるところにより，
誰に	葬祭を行う者（普通は遺族）	当時，生計を維持していた者で，埋葬を行う者	《葬祭費・葬祭の給付》を行うものとする。
名称	葬 祭 料	埋 葬 料	ただし，特別の理由があるときは，全部又は一部を行わないことができる。
額	①315,000円＋給付基礎日額×30日 ②給付基礎日額×60日分 ※いずれか多いほう	50,000円	
区分	通勤により死亡したとき	被保険者の死亡	＊健保の埋葬料（費）は次の場合も支給される。
誰に	葬祭を行う者	実際に埋葬を行った者	① 資格喪失後3月以内に死亡したとき
名称	葬祭給付	埋 葬 費	② 喪失後に傷病手当金又は出産手当金の継続給付を受給中に死亡したとき
額	上記《葬祭料》と同じ	上記《埋葬料》の額の範囲内で実費	③ この継続給付を受けなくなって3月以内に死亡したとき
区分		被扶養者の死亡	
誰に		被保険者	
名称		家族埋葬料	
額		50,000円	

◎ 出 産

健 康 保 険	国 民 健 康 保 険
《出産育児一時金》 　　1児につき　40.4万円（加入分娩機関の場合42万円） 　　資格喪失後6月以内の出産にも支給される。 《家族出産育児一時金》 　　1児につき　40.4万円（加入分娩機関の場合42万円）	条例又は規約の定めるところにより，《出産育児一時金》の支給を行うものとする。 　　ただし，特別の理由があるときは全部又は一部を行わないことができる。
《出産手当金》 〔要件〕被保険者が出産した場合 〔期間〕下記の内の労務に服さなかった期間支給される。 　　　　　　予定　　　出産 　├ ← 42日（98日）→ ┤ ＋α ├ ← 56日 → ┤ 〔支給金額〕支給開始日の属する以前の直近の継続した12カ月間の各月の標準報酬月額を平均した額 $\times \dfrac{1}{30} \times \dfrac{2}{3}$	＊〈出産〉とは，妊娠4月（85日）以上の場合をいい，生産，死産，流産等を問わない。 ＊出産日は産前の期間とされる。 　　　　　（労基法も同じ） ＊支給金額：日雇特例被保険者については算出の仕方に注意（38頁参照）

◎ 脱退に伴う一時金

1．《脱退手当金》

〔受給要件〕

① S16.4.1以前の生まれであること

② 被保険者期間が5年以上あること

③ 老齢厚生年金の受給要件である被保険者期間を満たしていないこと

④ 60歳に達していること

⑤ 被保険者資格を喪失していること

⑥ 障害厚生年金の受給権者でないこと

⑦ 障害厚生年金又は障害手当金を受けたことがある者については，その額が脱退手当金より少ないこと

〔脱退手当金の額〕

平均標準報酬額（※）×率 ➡ 率は：被保険者期間 60月以上72月未満 1.1
〜
228月以上 5.4

※ 被保険者であった期間が平成15年4月1日前にある者については，同日前の各月の標準報酬月額と，同日以後の各月の標準報酬月額および標準賞与額を1.3で除して得た額とを合算した額による平均額

2．《脱退一時金》（国民年金，厚生年金保険の帰国外国人に対する措置）

〔受給要件〕

① 第1号被保険者としての保険料納付要件月数（対象月数），又は厚生年金被保険者期間が6月以上あること

② 老齢基礎年金の受給資格期間を満たしていないこと

③ 障害基礎年金等の受給権を有したことがないこと

④ 国内に住所を有していないこと

⑤ 最後に国民年金の被保険者資格を喪失した日から起算して2年を経過していないこと

〔脱退一時金の額〕

◎国民年金

請求日の前日における保険料納付月のうち直近の月（基準月）が平成31年4月にある場合

対象月数	支給額
6月以上12月未満 〜 36月以上	49,230円 〜 295,380円

◎厚生年金

平均標準報酬額（※）×支給率

支給率は，最終月の属する年の前年（最終月が1月〜8月の場合は，前々年10月の保険料率に2分の1を乗じて得た率に，次表の数を乗じて得た率

被保険者期間	乗数
6月以上12月未満 〜 36月以上	6 〜 36

※ 被保険者であった期間が平成15年4月1日前にある者については，同日前の各月の標準報酬月額に1.3を乗じて得た額と，同日以後の各月の標準報酬月額及び標準賞与額とを合算した額による平均額

◎ 船員保険法の給付の特徴

		健 康 保 険
療 養 の 給 付		
一 部 負 担 金		
傷病手当金	待　　　期	な　し
	支 給 期 間	3年間
	報酬との調整	な　し
埋 葬 料・葬 祭 料		5万円
家 族 埋 葬 料		5万円
傷病手当金等の継続給付（死亡除く）		喪失日の前日までに継続1年以上被保険者であったこと
任意継続被保険者		①継続2月以上の被保険者で　②20日以内に申請すること〈2・20型〉

	雇 用 保 険
失 業 の 認 定	管轄公共職業安定所（長）
傷 病 給 付 金	傷病手当
高齢求職者給付金	65歳以上の被保険者（高年齢被保険者）が失業した場合に，高年齢求職者給付金が支給される。

	労 災 保 険
休 業 手 当 金	待期なし ①　最初の3日間：標準報酬月額の全額 ②　支給開始後4カ月間（①を除く）：標準報酬日額の $\frac{40}{100}$ 相当額

◎ 給付の通則

◇ 年金の支給期間

支給事由が			支給事由が
発生した月	の翌月から	消滅した月まで支給される	

停止事由が			停止事由が
発生した月	の翌月から	消滅した月まで支給停止される	

◇ 支 払 期 月

〔労災及び二年金〕偶数月に前 2 月分
〔児童手当〕2，6，10月に前 4 月分

① 前支払期月に支払うべきであった年金
② 権利が消滅した場合や支給停止された場合のその期の未払い年金
は，支払期月でなくても支払われる。

◇ 端 数 処 理

〔二年金の年金額〕受給権裁定時，給付額改定時において，50銭未満切り捨て，50銭以上 1 円未満は 1 円に切上げ。

なお，老齢基礎年金の満額，障害基礎年金，遺族基礎年金，加給年金額，中高齢寡婦加算等については，50円未満切り捨て，50円以上100円未満は100円に切上げ。

〔年金給付の計算過程で生じる円未満の端数〕50銭未満切捨て，50銭以上切上げ。

〔各期支払期の端数〕1 円未満切り捨て。（国等の債権債務等の金額の端数計算に関する法律）

なお，毎年 3 月から翌年 2 月までの間において切り捨てられた金額の合計額については，これを当該 2 月の支払期月の年金額に加算する。

〔雇用保険の賃金日額〕5 円未満は切捨て，5 円以上10円未満は10円に切上げ。

◇ 受給権の保護等

① 受給権は譲り渡したり，担保に供したり，差し押えすることはできない。
② 租税公課を課することもできない。

ただし，老齢基礎年金（付加年金），老齢厚生年金は〈雑所得〉と，脱退手当金・脱退一時金は〈退職所得〉とみなされて，課税される。

③ 労災の保険給付を受ける権利は，退職によって変更されない。
④ 独立行政法人福祉医療機構は，年金を受ける権利を担保として小口資金の融資を行っている。

◇ 死亡の推定，認定死亡，失踪宣告

1．死亡の推定

　　次の被保険者等について，その生死が3カ月間わからないとき，又はこれらの者の死亡が3カ月以内に明らかになったが，その死亡時期がわからない場合には，遭難した日又は行方不明になった日に，その者は死亡したものと推定される。

① 　船舶や飛行機が遭難した際に乗っていた被保険者（労働者）又は被保険者であった者

② 　船舶や飛行機に乗っていて，その航行中に行方不明となった被保険者（労働者）又は被保険者であった者

2．認定死亡

　　水難，火災その他の事変によって，死亡したことの確証はないが死亡したことが確実と認められる場合に，官公署の報告に基づいて死亡の取扱いをするものである。この場合は，戸籍に「死亡」と記載される。

3．失踪宣告

　　上記以外の事情によって生死不明（7年間）となったときは，民法第30条以下の規定による失踪宣告によって死亡とすることになる。この場合も，被保険者の資格と生計維持関係は行方不明となった当時において認定される。

◇ 受給権者が1年以上所在不明となった場合の取扱い

〔寡婦年金以外の遺族給付について発生し得るケース〕

労　　　　災	年　金　二　法
① 同順位者（いないときは次順位者）の申請により所在不明の間，支給停止される。 ② 同順位者がいないときは次順位者が先順位者とされ，所在不明の間，その者に支給される。	① 受給権者の申請によって所在不明時に遡って支給停止される。 ② 複数の受給権者のうち，その1人が所在不明となった場合は，同順位者の中で支給額が改定される。（労災のように転給しない）
③ 支給停止された者は，いつでも解除を申請することができる。	

◇ 第三者行為による傷病・障害・死亡等 （民法の損害賠償との関係）

1．損害賠償と保険給付との調整対象

二重填補を避けるため調整が必要になるが，調整対象は次のようになる。

損害賠償	調整対象	労 災 保 険	健 康 保 険	二 年 金
①治 療 費	↔	療養（補償）給付	療養の給付等	
②逸失利益	↔	休業（補償）給付，傷病（補償）年金 障害（補償）給付，遺族（補償）給付	傷病手当金	障害給付 遺族給付
③葬 儀 費	↔	葬祭料，葬祭給付	埋葬料	
④慰 謝 料	（慰謝料は調整対象にならない）			

2．調整方法

(1) 損害賠償が先行したときは，保険者はその価額の限度で保険給付の義務を免れる〔控除〕

　　保険者は，保険給付の合計額が損害賠償額に達するまで給付を支給停止することになるが，〔労災〕の場合は，災害発生後7年を経過すれば年金を支給する。

(2) 保険給付が先行したときは，被災者が有する損害賠償請求権を，保険者はその価額の限度で代位取得する。〔求償〕

　　保険給付が行われるつど，その支給相当額について行われ，その合計額が第三者が行うべき賠償額に達するまで繰り返されることになるが，〔労災〕の場合は，災害発生後3年を経過すれば求償を打ち切る。

3．自動車交通事故の場合

〔労災〕自賠保険（共済）と協定し，自賠責先行を原則としているが，本人が希望すれば別。
〔健保〕自賠保険の損保会社（共済）に求償することができる。

4．〔示談〕が行われた場合

〔労災〕示談が有効に行われ，それが損害の全部を填補するときは，保険給付は行わない。
　　　　示談によって賠償請求権を放棄しても，3年経過後から年金給付は全額支給する。
〔健保〕請求権の全部又は一部を放棄した場合は，保険者はその限度において保険給付を行う義務を免れる。

★以下は〔労災〕の場合である。

5. 事業主の故意・過失によって生じた事故

　　この場合は，次の二つの措置が行われる。

(1)　前払一時金制度のあるものについては，「その最高限度額の法定現価に相当する額まで」
　　事業主の損害賠償の《履行を猶予》することができる。（その損害の発生時における法定利率＝
　　年３％とする。ただし，３年を一期として変動する。）

(2)　事業主から損害賠償が行われたときは，その価額の限度で保険給付を行わない。

　　　しかし，その支給停止期間には《上限》が設けられている。この上限は，次の(a)か(b)か，い
　　ずれか「短い期間」をとることとしている。

　(a)　９年の上限期間

　　　たとえば，前払一時金があるものについては，［履行猶予に相当する期間］＋９年。

　(b)　就労可能年齢による期間

　　　災害に遭わなければ就労できたと考えられる年齢（概ね67歳）を超えるまでの期間（最高
　　52年）。

6. 事業主《使用者責任》が問われる場合

　　民法第715条では，被用者が業務上第三者に加えた損害は使用者に賠償責任がある。従業員同
士が互いに加害者，被害者になるのもこれに該当するが，このような場合は，保険者は事業主に
対する求償を差し控えることにしている。

　　　　　　　　（事業主は保険料を全額負担している上に求償を受けるのは酷との考えから）

◇ 併 給 調 整

1. 社会保険内での併給調整

(1) 1人1年金の原則（1人イットキ1年金）

① いったん，「すべての年金を支給停止」する。

② その中で，「1年金について支給停止の解除を申請」できるが，いつでも「選択替え」できる。

③ 甲年金の受給権を得たときに乙年金を受給している場合には，支給停止解除の申請がなければ，乙年金についてその申請があったとみなされ，乙年金が引き続き支給される。

(2) 二階建ての原則

国民年金と厚生年金で，同一支給事由に基づくものは併給。

(3) 老齢給付と遺族給付の特例（配偶者65歳以上に限る）

〔ケース①〕　　　　　　〔ケース②〕　　　　　　〔ケース③〕

遺族厚生年金（全額）	一部の遺族厚生年金 / 老齢厚生年金	老齢厚生年金
老齢基礎年金	老齢基礎年金	老齢基礎年金

左のうちから選択する

経過的寡婦加算アリ
振替加算アリ　　　　　　振替加算ナシ　　　　　　振替加算ナシ

	老齢基礎年金	旧法国年の老齢年金・通算老齢年金	Ⓑ 旧法厚年（船保）の老齢年金，通算老齢年金，特例老齢年金
Ⓐ 遺族（厚生・共済）年金，特例遺族年金	併給	併給	原則は選択。Aを選択したときはBの2分の1を支給
旧法　厚年（船保）の遺族年金，通算遺族年金，共済の退職年金・遺族年金	併給		

(4) 厚生年金と共済年金（併給のパターン）

老　齢

| 老齢厚生年金 |
| 退職共済年金 |

＋

| 老齢基礎年金 |

2．労災保険と二年金

労災保険の方で支給率を乗じて調整する。支給率の一例をあげれば，

	休業（補償）給付	傷病（補償）年金	障害（補償）年金
障害基礎年金＋障害厚生年金	0.73	0.73	0.73
障害基礎年金	0.88	0.88	0.88

ただし，たとえば，［障害補償年金－障害基礎年金］を［A］とすると，［障害補償年金×0.88］＜［A］のときは，［A］を支給する。

◇ 内払い，過誤払い

1．内 払 い

(1) 同一年金について

「支給停止」すべきもの，「減額改定」すべきもの，をそのまま支払ったとき

➡ その後に支払うべき年金給付の内払いとみなすことができる。

(2) 2以上の保険給付について

① 乙年金の受給権が消滅し甲年金の受給権が発生したのに，そのまま乙が支払われたとき

② 乙保険給付を支給停止して甲保険給付を支給すべきなのに，乙が支払われたとき

➡ 新たに支給すべき保険給付の内払いとみなす。

(3) 国民年金と厚生年金との調整

併給調整により〔厚年〕から〔国年〕に選択替えした場合に〔厚年〕が支払われたとき

➡ 内払いとみなすことができる。

※併給調整により〔国年〕から〔厚年〕に選択替えした場合も同様。

（注）一人に2以上の年金受給権がある場合は一年金を選択するが，選択替えはできる。選択替えは〔国年〕〔厚年〕相互間でも行われるが，〔共済支給の厚年〕との間では内払い処理はできない。

2．過誤払いによる返還金債権への充当

受給権者の死亡後，年金給付が過誤払いされた場合に，この返還義務者（債務の弁済をすべき者）に支払うべき保険給付があるとき

➡ その保険給付を，返還金債権の金額に充当することができる。

> 本来は返してもらうべきものを返さずに済まそうというもので，中身は一緒だが，
> 《内払い》というのは「返還義務者が同一人」（本人）の場合，
> 《返還金債権への充当》というのは「返還義務者が別人」（遺族）の場合，である。

◇ 労働保険の給付額のスライド等

　労災保険と雇用保険は〈賃金スライド〉であり，「毎月勤労統計」の「毎月きまって支給する給与」の労働者1人当たり《平均給与額》の変動率を用いる。

〔労 災 保 険〕

年金，一時金（葬祭料の給付基礎日額の30日分・60日分に相当する部分を含む）の場合

- ・算定事由発生日の属する年度の翌々年度の8月以後の分から，給付基礎日額を改定する。
- ・「算定事由発生当時の給付基礎日額 × r」が当年度8月以後の給付基礎日額となる。

$$r（厚生労働大臣が定める率）= \frac{年金を支給する年度の前年度の平均給与額}{算定事由が発生した年度の平均給与額}$$

休業（補償）給付の場合

　四半期ごとの平均給与額が，算定事由発生日の属する四半期の平均給与額の100分の110を超え又は100分の90を下回った場合に，その変動した四半期の翌々四半期から，上昇又は低下した比率を基準として休業給付基礎日額を改定する。

※平均賃金相当額の最低保障額（自動変更対象額）を変更。毎年8月1日から

※療養を開始した日から起算して1年6箇月を経過した者に対する休業給付基礎日額には年齢階層別の最低・最高限度額が適用される —— 厚生労働省「賃金構造基本統計」に基づいて，毎年8月1日から改定。

〔雇 用 保 険〕

賃金日額の範囲等の自動変更

- ・平均給与額の変動率に応じて，毎年8月1日から「自動変更対象額」を変更。
- ・「自動変更対象額」とは，賃金日額の下限額，年齢階層別の上限額等。

日雇労働求職者給付金の日額の自動変更

- ・直近の日額改正の基礎となった平均給与額の100分の120を超え又は1,000分の83を下回り，その状態が継続すると認められるときに行う。
- ・保険料，等級区分の賃金日額も連動する。

◎ 未支給の保険給付 ‐定義と受給権者の範囲等‐

	労 災 保 険 法	雇 用 保 険 法
	未 支 給 の 保 険 給 付	未 支 給 の 失 業 等 給 付
未 支 給 の 定 義	保険給付を受ける権利を有する者が死亡した場合 ① 支給請求をしているが，まだその決定がないもの ② 支給決定はあったが，まだ支払われていないもの ③ 受給権が発生しているが，まだ支払いが行われていないもの	受給資格者が失業の認定を受ける前に死亡した場合 ① 直前の認定日と死亡するまでの間に失業していた日があり，その間に係る基本手当の支給を請求していないとき ② 失業の認定を受けた後，基本手当の支給を受ける前に死亡したとき
未支給の受給権者の範囲等	1．原 則 　未支給の受給権者の範囲は，受給権者の死亡当時にその者と生計を同じくしていた次の者 ① 配偶者（事実婚含む） ② 子 ③ 父母 ④ 孫 ⑤ 祖父母 ⑥ 兄弟姉妹	
	2．例 外 　死亡した者が遺族（補償）年金の受給権者であれば，その未支給の部分を，同順位又は次順位の受給資格者である他の遺族が受けられる。	例外なし

請 求 の 仕 方	遺族が「自己の名」で請求する
同 順 位 者 が複 数 い る 場 合	1人がした請求は，全員のために全額についてしたものとみなし，1人に対して支給したものは，全員に対してしたものとみなす

国 民 年 金 法	厚 生 年 金 保 険 法
未 支 給 年 金	未 支 給 の 保 険 給 付
年金給付の受給権者が死亡した場合	保険給付の受給権者が死亡した場合

① 裁定請求をしているが，まだその決定がないもの
② 裁定があったが，まだ支払われていないもの
③ 受給権が発生しているが，まだ請求も行われていないもの

1．原　則
　　同左
　⑦　甥・姪
　⑧　子の配偶者
　⑨　叔父，叔母
　⑩　曾孫，曾祖父母
　⑪　上記の者の配偶者　等

◎ 支 給 制 限

労 災 保 険 法	雇 用 保 険 法
(1) 労働者が，故意に傷病・障害・死亡又はその直接原因となった事故を起こしたとき　 　➡　　不支給	(1) 正当な理由のない紹介就業拒否，訓練拒否　 　➡　　1月間支給しない。 　　訓練延長（終了後手当を除く）も同じ。 　　訓練延長（終了後手当に限る），個別延長，広域延長，全国延長は拒んだ日以後支給しない。 　　日雇労働者：連続7日間支給しない。
(2) 労働者が，故意の犯罪行為又は重大な過失により，同上の事故を発生させたとき　 　　事故発生の直接の原因となった行為が，「法令の危害防止規定で罰則のあるもの」に違反した場合 　➡　　休業（補償）給付，傷病（補償）年金又は障害（補償）給付は，30％減額。 　　ただし，傷病（補償）年金及び障害（補償）年金は，療養開始後3年以内の期間分に限る。	(2) 正当な理由のない職業指導拒否　 　➡　　1月を超えない範囲で職安所長が定める期間支給しない。 　　訓練延長（終了後手当を除く）も同じ。 　　訓練延長（終了後手当に限る），個別延長，広域延長，全国延長は拒んだ日以後支給しない。
(3) 労働者が，正当な理由なく療養の指示に従わないで，程度を悪化又は回復を妨げたとき　 　➡　　1件につき，休業（補償）給付は10日分，傷病（補償）年金は365分の10を減額。	(3) 懲戒解雇，正当な理由のない自己都合離職　 　➡　　待期満了後1〜3月間で職安所長の定める期間支給しない。 　　ただし，職安所長が指示した公共職業訓練等の受講開始以後の期間は解除される。
	(4) 偽りその他不正行為によって次の給付を受け，又は受けようとした場合　 《求職者給付と就職促進給付》 　　支給しない。 　　　その後の《高年齢再就職給付金》も同じ。 　　日雇労働者：［その月］と［その翌月から3月間］は支給しない。 《教育訓練給付金》 　　支給しない。 《高年齢雇用継続基本給付金》 　　支給しない。 《高年齢再就職給付金》 　　支給しない。 《育児休業給付金》 　　育児休業給付は支給しない。 《介護休業給付金》 　　支給しない。 ※　やむを得ない理由があれば全部又は一部を支給する。

— 76 —

健 康 保 険 法	年 金 二 法
(1) 被保険者，被扶養者の故意の犯罪行為又は故意によるとき 　➡　支給しない。 　　　過失犯は含まない。刑法以外の刑罰規定（飲酒運転等）も含む。起訴，不起訴は問わない。	(1) 故意に，障害又はその直接の原因となった事故を起こした場合 　➡　障害給付は支給しない。
(2) 闘争（正当防衛を除く），泥酔，著しい不行跡によるとき 　➡　全部又は一部を制限することがある。	(2) 故意の犯罪行為，重大過失により，又は正当な理由なく療養の指示に従わないで， 　① 障害・死亡又はこれらの原因となる事故を生じさせた者 　② 障害の程度を増進させた者（回復を妨げた者） 　➡　給付の全部又は一部を行わないことがある。 　　　障害厚生年金の場合は，職権による額の改定を行わず，また，下位の等級に下げることもある。
(3) 療養の指示に従わないとき 　➡　一部を制限することがある。	
(4) 偽りその他不正行為による受給 　➡　［傷手］［出産手当金］の全部又は一部を，６月以内で保険者が定める期間，支給制限することがある。	(3) 遺族基礎年金・寡婦年金・死亡一時金，遺族厚生年金の場合 　① 被保険者を故意に死亡させた者には支給しない。 　② 被保険者等の死亡前に，その者の死亡により受給権者となるべき者を死亡させたときも同様。 　③ 受給権者が他の受給権者を故意に死亡させたときは消滅する。 　➡　自殺の場合，原則として遺族厚生年金は支給する。
(5) 正当な理由なく文書その他物件の提出命令に従わず，質問に対する答弁，強制診断を拒否した場合 　➡　全部又は一部を制限することがある。	
(6) 少年院等に収容され，または刑事施設・労役場等に拘禁された場合（未決拘留の場合を除く） 《被保険者がこれに該当した場合》 ①傷病・出産に関する保険給付は行われない。 ②被扶養者には保険給付が行われる。 ③その月以後，該当しなくなった月の前月まで保険料は徴収されない。 《被扶養者がこれに該当した場合》 傷病・出産に関する保険給付は行われない。	(4) その他 　① 受給権者が，正当な理由なく，身分関係・障害状態等に関する書類等の提出命令に従わなかったり，職員の質問に応じなかったとき 　② ［障害］であることにより年金受給権を有する者，又は年金の加算対象になっている子が，正当な理由もなく受診命令に従わず，又は職員の診断を拒んだとき 　➡　年金給付の全部又は一部につき，支給を停止することがある。（復活しない）
(7) 災害救助法等，国・地方公共団体の負担で療養費の支給又は療養が行われる場合 　➡　その限度において療養の給付等の支給は行われない。	

◎ 不正利得の徴収

	労 災 保 険 法	雇 用 保 険 法
措 置 方 法	① 不正受給者からの費用徴収 　偽りその他不正の手段により保険給付を受けた者があるときは，政府は，その保険給付に要した費用に相当する金額の全部又は一部をその者から徴収することができる。 ② 上記の行為が，事業主の虚偽の報告又は証明に基づくものであるときは，その事業主に対し，連帯して徴収金を納付すべきことを命ずることができる。	① 返還命令 　偽りその他不正の行為により失業等給付その他の給付の支給を受けた者がある場合は，政府は，その者に対して支給した基本手当の全部又は一部を返還することを命ずることができる。 ② 納付命令 　上記の行為が悪質であると認められる場合は，不正受給額を返還させるほか，厚生労働大臣が定める基準により不正受給額の2倍相当額以下の金額を納付することを命ずることができる。 ③ 上記①の行為が，事業主又は職業紹介事業者等，募集情報等提供事業を行う者，指定教育訓練実施者の偽りの届出，報告又は証明に基づくものであるときは，その事業主等に対し，連帯して返還又は納付すべきことを命ずることができる。

≪ポイント≫

〔処　分〕

〔労災〕及び〔健保〕 ➡ 要した費用の全部又は一部を徴収する。

〔二年金〕 ➡ 受給額に相当する金額の全部又は一部を徴収する。

◎いずれも，督促・延滞金・滞納処分がある。

〔雇用保険〕 ➡ 全部又は一部の返還を命じることができるほか，不正受給額の2倍相当額以下の金額の≪納付命令≫を発することができる。

〔事業主〕　虚偽の報告・証明をした場合は，連帯して納付義務を負う。

◎健康保険法では，保険医が同様のことをした場合も同様である。さらに保険医療機関等が不当に診療報酬を得た場合は，その額の140％を支払うこととされている。

※「全部又は一部」とは，不正に受給した額が保険給付に要した費用の全部か一部ということであり，不正に受給した額すべてが該当する。これは，上記の労災保険法から厚生年金保険法すべてにあてはまる。

健 康 保 険 法	国 民 年 金 法	厚生年金保険法
○　不正利得の徴収等 ①　偽りその他不正の行為により保険給付を受けた者があるときは，保険者は，その保険給付に要した費用の全部又は一部を徴収することができる。 ②　上記の行為が，事業主の虚偽の報告もしくは証明又は保険医等の虚偽の診断書に基づくときは，保険者は，事業主又は保険医等に対し，連帯して徴収金を納付すべきことを命ずることができる。 ③　保険医療機関等，特定承認保険医療機関または指定訪問看護事業者が偽りその他不正の行為により診療報酬の支払い等を受けたときは，不正受給額を返還させるほか，その額の100分の40相当額を支払わせることができる。	○　不正利得の徴収 　　偽りその他不正の手段により給付を受けた者があるときは，厚生労働大臣は，受給額に相当する金額の全額又は一部を徴収することができる。	○　不正利得の徴収 　　偽りその他不正の手段により保険給付を受けた者があるときは，実施機関は，受給額に相当する金額の全額又は一部を徴収することができる。

主要手続一覧

◇ 特定法人についての社会保険，労働保険の電子申請の義務化（令和2年4月施行）

［対象となる法人（特定法人）］
- 資本金，出資金又は銀行等保有株式取得機構に納付する拠出金の額が1億円を超える法人
- 相互会社（保険業法）
- 投資法人（投資信託及び投資法人に関する法律）
- 特定目的会社（資産の流動化に関する法律）
  ※社会保険労務士や社会保険労務士法人が，対象となる特定法人に代わって手続を行う場合も含まれる。

［対象となる帳票，手続］
① 労働保険
  継続事業（一括有期事業を含む）を行う事業主が提出する以下の申告書
- 年度更新に関する申告書（労働保険概算保険料申告書，労働保険確定保険料申告書，一般拠出金申告書）
- 労働保険増加概算保険料申告書
② 雇用保険
- 雇用保険被保険者資格取得届
- 雇用保険被保険者資格喪失届
- 雇用保険被保険者転勤届
- 高年齢雇用継続給付支給申請
- 育児休業給付支給申請
③ 健康保険，厚生年金保険
- 健康保険・厚生年金保険 被保険者報酬月額算定基礎届
- 健康保険・厚生年金保険 被保険者報酬月額変更届
- 健康保険・厚生年金保険 被保険者賞与支払届

　なお，以下に該当する場合は，電子申請によらない方法により届出が可能である。①電気通信回線の故障や災害などの理由により，電子申請が困難と認められる場合。②労働保険関係手続（保険料申告関係）については，労働保険事務組合に労働保険事務が委託されている場合，単独有期事業を行う場合，年度途中に保険関係が成立した事業において，保険関係が成立した日から50日以内に申告書を提出する場合。

〔労働基準法 − 1〕

届出・申請・ 提出書類等	提出する事由	期　　限	提　出　先
1．適用事業報告	適用事業を開始したとき	遅滞なく	事業場の所在地を管轄する（所轄）労働基準監督署長 ※適用事業報告統一様式を使用するときは，所轄年金事務所，所轄公共職業安定所長を経由して行うことができる
2．貯蓄金管理に関する協定届	使用者が労働者の貯蓄金をその委託を受けて管理する場合に，過半数労働組合（過半数代表者）と書面による協定（労使協定）を締結したとき	協定締結後，遅滞なく	
3．預金管理状況報告	上記の協定に基づき，労働者から預金の受入れをする使用者が，3月31日以前1年間の預金管理状況を報告するとき	毎年4月末日まで	
4．就業規則（変更）届	①常時10人以上の労働者を使用するに至ったとき ②すでに届け出てある就業規則を変更するとき	作成（変更）後，遅滞なく ※過半数労働組合（過半数代表者）の意見書を添付	所轄 労働基準監督署長
5．寄宿舎規則届	事業附属寄宿舎に労働者を寄宿させるとき	作成後，遅滞なく ※寄宿労働者の過半数を代表する者の同意書を添付	〃 ※建設業附属寄宿舎については，所轄労働基準監督署長が寄宿舎と事業場とで異なる場合には，寄宿舎の所轄労働基準監督署長に提出できる。

〔労働基準法 − 2〕

届出・申請・提出書類等	提出する事由	期　限	提　出　先
6．清算期間が1箇月を超える場合のフレックスタイム制に関する協定届	1箇月を超えるフレックスタイム制で労働させようとする場合	協定締結後，遅滞なく	所轄労働基準監督署長
7．1箇月単位の変形労働時間制に関する協定届 　1年単位の変形労働時間制に関する協定届 　1週間単位の非定型的変形労働時間制に関する協定届	それぞれの変形労働時間制で労働させようとする場合		
8．事業場外労働に関する協定届	労使協定に定める時間が法定労働時間を超えるとき		
専門業務型裁量労働制に関する協定届	それぞれのみなし労働時間制により労働させようとする場合		
企画業務型裁量労働制に関する決議届		労使委員会の決議後，遅滞なく	
企画業務型裁量労働制に関する報告	対象労働者の労働時間に応じた健康・福祉の確保措置の実施状況を報告するとき	決議日から起算して6箇月以内ごとに	
9．時間外労働・休日労働に関する協定届	時間外労働又は休日労働をさせようとする場合	協定締結後，遅滞なく	

〔労働基準法 − 3〕

届出・申請・提出書類等	提出する事由	期　限	提　出　先
10. 非常災害等の理由による労働時間延長，休日労働許可申請書（届）	災害等により，臨時の必要のある場合に，法定労働時間を超え，又は法定休日に労働させるとき	申請書は事前に 届は事後に，遅滞なく	所轄 労働基準監督署長
11. 監視断続的労働に従事する者に対する適用除外許可申請書	監視又は断続的業務に従事する者について，労働時間，休日等の規定の適用除外を受けようとするとき	事前に	
12. 断続的な宿直又は日直勤務許可申請書	宿直・日直の勤務で断続的業務について，所定労働時間外又は所定休日に労働させる場合		
13. 休憩自由利用除外許可申請書	乳児院，児童養護施設及び障害児入所施設に勤務する職員で，児童と起居を共にする者について休憩時間の利用を制限しようとするとき	あらかじめ	
14. 解雇予告・解雇制限除外認定申請書	天災事変等の事由により事業の継続が不可能となった場合に， ①解雇制限対象労働者を解雇しようとするとき ②労働者を解雇しようとするとき ※解雇予告をせず，予告手当も支払わずに即時解雇しようとするとき	解雇する前に	

〔労働基準法 − 4〕

届出・申請・提出書類等	提出する事由	期　　限	提　出　先
15. 解雇予告除外認定申請書	労働者をその責めに帰すべき事由に基づいて解雇しようとするとき ※解雇予告をせず，予告手当も支払わずに即時解雇しようとするとき	解雇する前に	所轄 労働基準監督署長
16. 使用許可申請書	13歳以上の児童を，工業的事業以外の事業に係る職業で，児童の健康，福祉に有害でなく，軽易な労働に従事させるとき ※映画の製作，演劇の事業では，13歳未満の児童も同様	事前に ※添付書類 ①年齢を証明する戸籍証明書 ②修学に差し支えないことを証明する学校長の証明書 ③親権者又は後見人の同意書	
17. 交替制による深夜業時間延長許可申請書	交替制によって労働させる事業で，年少者を午後10時30分まで労働させるとき		
18. 帰郷旅費支給除外認定申請書	18歳未満の者を，その責めに帰すべき事由により解雇し，使用者が帰郷旅費を支給しないこととするとき		

〔労働安全衛生法−1〕

届出・申請・提出書類等	提出する事由	期　限	提　出　先
1．共同企業体代表者届	建設業に属する事業の2以上の事業者が，一の場所において行う仕事を共同連帯して請け負ったとき	仕事開始の14日前まで	事業場の所在地を管轄する（所轄）労働基準監督署長を経由して都道府県労働局長
2．(1)総括安全衛生管理者選任報告	①林業，鉱業，建設業，運送業及び清掃業は，常時100人以上 ②製造業（物の加工業を含む），電気業，ガス業，熱供給業，水道業，通信業，各種商品卸売業，家具・建具・じゅう器等卸売業，各種商品小売業（百貨店等），家具・建具・じゅう器小売業，燃料小売業，旅館業，ゴルフ場業，自動車整備業及び機械修理業は，常時300人以上 ③その他の業種は，常時1,000人以上 の労働者を使用する事業場で，事業場ごとに選任したとき	選任事由発生後14日以内に選任し，遅滞なく ※同一様式	所轄労働基準監督署長
(2)安全管理者選任報告	上記①②の業種の，常時50人以上の労働者を使用する事業場で，事業場ごとに選任したとき		
(3)衛生管理者選任報告 (4)産業医選任報告	常時50人以上の労働者を使用する事業場で，事業場ごとに選任したとき		

〔労働安全衛生法－2〕

届出・申請・ 提出書類等	提出する事由	期　　限	提　出　先
3．健康診断結果報告書	①常時50人以上の労働者を使用する事業場で，定期健康診断を行ったとき ②一定の有害作業について，6カ月以内ごとに定期に健康診断を行ったとき	遅滞なく	所轄 労働基準監督署長
4．特定元方事業者等の事業開始報告	特定元方事業者の労働者と関係請負人の労働者の作業が同一の場所で行われるとき	作業開始後，遅滞なく ※同一様式	作業場所を管轄する労働基準監督署長
① 統括安全衛生責任者の選任 ② 元方安全衛生管理者の選任	①②事業場の労働者数が関係請負人の労働者も含めて常時50人（ずい道等の建設の仕事，圧気工法による作業を行う仕事及び一定の橋梁の建設の仕事にあっては，常時30人）以上となるときは，統括安全衛生責任者及び元方安全衛生管理者を選任し，その旨と氏名を記載する。		
③ 店社安全衛生管理者の選任	③次の建設工事において，工事を請け負った支店等に店社安全衛生管理者を選任し，その旨と氏名を記載する。 　ア．労働者数20人以上30人未満のずい道等の建設工事，圧気工		

届出・申請・ 提出書類等	提 出 す る 事 由	期　　限	提 出 先
	法による作業を行う仕事及び一定の橋梁の建設工事 イ．労働者数20人以上50人未満の鉄骨造，鉄骨鉄筋コンクリート造の建築物の建設の工事 ※工事現場に統括安全衛生責任者及び元方安全衛生管理者を選任し，その職務を行わせている場合には，選任の必要はない。		

〔雇用保険法 - 1〕

届出・申請・提出書類等	提出する事由	期　限	提　出　先
1．適用事業所設置届	適用事業所を設置したとき	設置した日の翌日から起算して10日以内	事業所の所在地を管轄する公共職業安定所の長
2．適用事業所廃止届	適用事業所を廃止したとき	廃止した日の翌日から起算して10日以内	※適用事業所設置届統一様式を使用するときは，所轄労働基準監督署長，所轄年金事務所を経由して行うことができる
3．事業主・事業所各種変更届	①事業所の名称を変更したとき ②事業所の所在地を変更したとき ③事業の種類を変更したとき	変更のあった日の翌日から起算して10日以内	
4．被保険者資格取得届	被保険者となったとき	事実のあった日の属する月の翌月10日まで	※被保険者資格取得届・喪失届統一様式を使用するときは，所轄年金事務所を経由して行うことができる
5．被保険者資格喪失届 被保険者離職証明書	被保険者でなくなったとき	事実のあった日の翌日から起算して10日以内	
6．被保険者転勤届	被保険者を転勤させたとき	事実のあった日の翌日から起算して10日以内	転勤後の事業所の所在地を管轄する公共職業安定所の長 ※所轄年金事務所を経由して行うことができる
7．被保険者個人番号変更届	被保険者の個人番号が変更されたとき	速やかに	事業所の所在地を管轄する公共職業安定所の長

〔雇用保険法－2〕

届出・申請・ 提出書類等	提出する事由	期　限	提　出　先
8．被保険者資格取得（喪失）確認請求書	事業主が被保険者資格取得（喪失）届を提出しているか否かを確認するとき		事業所管轄 公共職業安定所長
9．被保険者証再交付申請書	被保険者証を滅失し，又は損傷したとき		任意の 公共職業安定所長
10．休業開始時賃金証明書	被保険者が育児休業又は介護休業を開始したとき	休業開始日の翌日から起算して10日以内	事業所管轄 公共職業安定所長
11．休業・所定労働時間短縮開始時賃金証明書	子の養育，家族介護のための休業をし，又は勤務時間の短縮が行われた被保険者が，離職し，特定受給資格者として受給資格の決定を受けるとき	離職した日の翌日から起算して10日以内	
12．離職票再交付申請書	離職票を滅失し，又はき損したとき		
13．受給期間延長申請書	①受給資格者が受給期間内に妊娠・傷病等のため引き続き30日以上就職できなくなったとき	①該当するに至った日の翌日から起算して1箇月以内	住所又は居所を管轄する（管轄）公共職業安定所の長
	②定年退職者等が一定期間（1年以内）は求職の申込みをしないことを希望するとき	②離職日の翌日から起算して2箇月以内	
14．傷病手当支給申請書	受給資格者が求職の申込みをした後に傷病のため継続して15日以上職業に就くことができない日があるとき	理由がやんだ後の最初の基本手当の支給日まで	

〔雇 用 保 険 法 － 3〕

届出・申請・ 提出書類等	提出する事由	期　　　限	提　出　先
15. 就業手当支給申請書	受給資格者が常用雇用以外の職業に就いた場合に，基本手当の支給残日数が所定給付日数の3分の1以上かつ45日以上あるとき	原則として，失業の認定を受ける日	管轄 公共職業安定所長
16. 再就職手当支給申請書	受給資格者が安定した職業に就き，又は事業を開始した場合に，基本手当の支給残日数が所定給付日数の3分の1以上あるとき	就職（事業開始）の日の翌日から起算して1箇月以内	
17. 就業促進定着手当支給申請書	再就職手当の支給に係る同一の事業主の適用事業にその職業に就いた日から6箇月以上，被保険者として雇用されている等一定の要件を満たしたとき	職業に就いた日から6箇月目に当たる日の翌日から起算して2箇月以内	
18. 常用就職支度手当支給申請書	身体障害者等の就職が困難な，受給資格者（基本手当の支給残日数が所定給付日数の3分の1未満の者），特例受給資格者，高年齢受給資格者，日雇受給資格者が，公共職業安定所又は職業紹介事業者の紹介で安定した職業に就いたとき	就職日の翌日から起算して1箇月以内	※日雇受給資格者は，事業所管轄公共職業安定所長

〔 雇 用 保 険 法 － 4 〕

届出・申請・ 提出書類等	提 出 す る 事 由	期　　　限	提　出　先
19. 求職活動支援費支給申請書	公共職業安定所の紹介で受給資格者等が広範囲の地域にわたる求職活動を行うとき，短期訓練又は求職活動を容易にする役務を利用するとき	広域求職活動費は，広域求職活動の指示を受け，終了した日の翌日から起算して10日以内，短期訓練受講費は教育訓練を修了した日の翌日から起算して1箇月以内，求職活動関係役務利用費は失業の認定を受ける日	管轄 公共職業安定所長
20. 移転費支給申請書	受給資格者等が公共職業安定所の紹介した職業に就くため移転するとき	移転の日の翌日から起算して1箇月以内	
21. 高年齢雇用継続給付受給資格確認票・（初回）高年齢雇用継続給付支給申請書	①被保険者が初めて高年齢雇用継続基本給付金の支給を受けようとするとき	支給対象月の初日から起算して4箇月以内	事業所管轄 公共職業安定所長
	②受給資格者が60歳到達日以後に再就職して，被保険者となり，初めて高年齢再就職給付金の支給を受けようとするとき	再就職後の支給対象月の初日から起算して4箇月以内	
22. 育児休業給付受給資格確認票・（初回）育児休業給付金支給申請書	被保険者が初めて育児休業給付金の支給を受けようとするとき	支給単位期間の初日から起算して4箇月以内	
23. 未支給失業等給付請求書	受給資格者が死亡した場合に，遺族が未支給の給付を請求するとき	受給資格者が死亡した日の翌日から起算して6箇月以内	管轄（死亡時）公共職業安定所長

〔雇用保険法 - 5〕

届出・申請・提出書類等	提出する事由	期限	提出先
24. 日雇労働被保険者資格取得届	日雇労働被保険者となったとき	該当するに至った日から起算して5日以内	管轄公共職業安定所長
25. 日雇労働被保険者任意加入申請書	適用除外の日雇労働者が適用事業に雇用され，日雇労働被保険者になろうとするとき		
26. 日雇労働被保険者資格継続認可申請書	連続する2月の各月において18日以上同一の事業主に雇用されるに至った場合（一般被保険者等に切替え）に，継続して日雇労働被保険者となろうとするとき	遅滞なく	事業所管轄公共職業安定所長又は管轄公共職業安定所長

〔徴 収 法 － 1〕

届出・申請・ 提出書類等	提出する事由	期　　限	提　出　先
1．保険関係成立届	適用事業を開始したとき 適用事業になったとき	保険関係が成立した日から（翌日起算）10日以内	所轄労働基準監督署長又は所轄公共職業安定所長 ※保険関係成立届統一様式を使用するときは，所轄年金事務所を経由して行うことができる
2．労働保険代理人選任・解任届	代理人を選任又は解任したとき	あらかじめ	
3．名称，所在地等変更届	事業主の氏名，所在地，事業の種類等を変更したとき	変更日の翌日から起算して10日以内	
4．継続事業一括申請書	事業主が同一人で，事業の種類が同一の2以上の事業に係る保険関係を，一の保険関係にまとめようとするとき		都道府県労働局長
5．一括有期事業開始届	有期事業の一括に係る事業を開始したとき	開始月の翌月10日まで	所轄 労働基準監督署長
6．下請負人を事業主とする認可申請書	数次の請負による建設の事業で，下請負人の事業を分離する場合	保険関係が成立した日の翌日から起算して10日以内 ※元請負人と下請負人が共同で申請	所轄都道府県労働局長
7．概算保険料申告書（継続事業）	概算保険料を申告納付するとき	①その保険年度の6月1日から（起算して）40日以内 ②保険関係が成立した日から（翌日起算）50日以内	所轄都道府県労働局歳入徴収官 ※一般保険料に係るもので，統一様式を使用し併せて提出するものに限り，所轄労働基準監督署長，所轄公共職業安定所長又は所轄年金事務所を経由して行うことができる
8．概算保険料申告書（有期事業）		保険関係が成立した日から（翌日起算）20日以内	

届出・申請・提出書類等	提出する事由	期　限	提　出　先
9．概算保険料の認定決定に伴う保険料の納付	①概算保険料申告書を提出しないとき ②提出した申告書の記載に誤りがあり，正しく納付されていないとき	通知を受けた日から（翌日起算）15日以内	所轄都道府県労働局歳入徴収官
10．増加概算保険料申告書	賃金総額の見込額が当初見込額の100分の200を超え，かつ，概算保険料の差額が13万円以上となったとき	見込額が増加した日から（翌日起算）30日以内	
11．概算保険料の追加納付	保険料率の引上げが行われたとき	所轄都道府県労働局歳入徴収官が通知を発する日から起算して30日を経過した日（通知による）	
12．確定保険料申告書（継続事業）	確定保険料を申告納付するとき	①その保険年度の6月1日から（起算して）40日以内 ②保険関係が消滅した日から（起算して）50日以内	
13．一括有期事業報告書	※上記に関連		
14．確定保険料申告書（有期事業）		保険関係が消滅した日から（起算して）50日以内	
15．確定保険料の認定決定に伴う保険料の納付	①確定保険料申告書を提出しないとき ②提出した申告書の記載に誤りがあり，正しく納付されていないとき	通知を受けた日から（翌日起算）15日以内	

〔徴 収 法 − 3〕

届出・申請・ 提出書類等	提 出 す る 事 由	期　　限	提 出 先
16. 確定保険料の改定決定に伴う差額保険料の納付	有期事業に係るメリット制の適用により，確定保険料の額が引き上げられた場合	都道府県労働局歳入徴収官が通知を発する日から起算して30日を経過した日	所轄都道府県労働局歳入徴収官
17. 労働保険料還付請求書	概算保険料の額が，確定保険料の額を超えるとき	①確定保険料申告書と同時 ②認定決定の通知を受けた日の翌日から起算して10日以内	所轄都道府県労働局労働保険特別会計資金前渡官吏
18. 労働保険事務組合認可申請書	事業協同組合，商工組合等（母体団体）が，その構成員である中小事業主等の労働保険事務を処理しようとするとき		母体団体の主たる事務所の管轄公共職業安定所（一定の場合は所轄労働基準監督署）を経由して，都道府県労働局長
19. 労働保険事務組合業務廃止届	事務組合がその業務を廃止しようとするとき	その60日前まで	

〔 健康保険法・厚生年金保険法（共通）－ 1 〕

届出・申請・提出書類等	提出する事由	期　限	健康保険提出先	厚生年金保険提出先
1. 新規適用事業所届	①事業所が初めて適用事業所となったとき	①事実があった日から 5 日以内	厚生労働大臣又は健康保険組合	日本年金機構 ※新規適用事業所届統一様式を使用するときは，所轄労働基準監督署長，所轄公共職業安定所長を経由して行うことができる
	②船舶が初めて適用事業所となったとき（厚年）	②事実があった日から10日以内	－	
2. 任意適用申請書	個人経営の，5 人未満の事業所等が，適用を受けようとするとき	※被保険者となるべき者（従業員）の 2 分の 1 以上の同意書を添付	日本年金機構又は地方厚生局長等	
3. 任意適用取消申請書	5 人未満等の任意適用事業所が脱退しようとするとき	※被保険者の 4 分の 3 以上の同意書を添付		
4. 適用事業所変更（訂正）届	事業所の名称，所在地が変わったとき	5 日以内	厚生労働大臣又は健康保険組合	
5. 事業所関係変更（訂正）届	①事業主の住所，氏名が変わったとき ②事業所の事業の種類，電話番号が変わったとき			※被保険者資格取得届・喪失届統一様式を使用するときは，所轄公共職業安定所長を経由して行うことができる
	③事業主のすべき事務を処理させる代理人を選任又は解任するとき	あらかじめ		
6. 被保険者資格取得届	当然被保険者の資格を取得した者があるとき	5 日以内	日本年金機構又は健康保険組合	
7. 被保険者資格喪失届	当然被保険者の資格を喪失した者があるとき	5 日以内		

〔 健康保険法・厚生年金保険法（共通）－2〕

届出・申請・ 提出書類等	提 出 す る 事 由	期　　　限	健康保険 提 出 先	厚生年金保険 提 出 先
8．被保険者氏名変 更届	被保険者の氏名が変わっ たとき	遅滞なく（健保） すみやかに（厚年）	厚生労働大臣又 は健康保険組合	日本年金機構
9．被保険者住所変 更届	被保険者の住所が変わっ たとき	すみやかに（厚年） 遅滞なく（健保）	厚生労働大臣又 は健康保険組合	
10．被保険者報酬月 額算定基礎届	7月1日現在の被保険 者について標準報酬月 額の定時決定を行うと き	毎年7月1日から 7月10日まで	日本年金機構又 は健康保険組合	
11．被保険者報酬月 額変更届	固定的賃金の変動によっ て標準報酬月額等級に 2等級以上の差がでた とき	すみやかに		
12．二以上事業所勤 務届 所属選択届	①同時に2以上の事業 　所に使用されるに至っ 　たとき ②同時に2以上の事業 　所に使用されるとき 　に，保険者（健康保 　険組合を含む）が2 　以上あるとき	10日以内	①厚生労働大臣 　又は健康保険 　組合 ②厚生労働大臣 　又は健康保険 　組合	日本年金機構 日本年金機構
13．育児休業取得者 申出書	育児休業期間に係る保 険料の免除の申出をし ようとするとき		日本年金機構又 は健康保険組合	日本年金機構
14．特定適用事業所 該当届	初めて特定適用事業所 となったとき	5日以内	厚生労働大臣又 は健康保険組合	日本年金機構

〔 健 康 保 険 法 〕

届出・申請・ 提出書類等	提 出 す る 事 由	期　　限	提　出　先
1．一括適用承認申請書	事業主が同一である2以上の適用事業所を，一の適用事業所としようとするとき		厚生労働大臣
2．被扶養者（異動）届	①被保険者に扶養家族があるとき ②扶養家族に異動があったとき	5日以内	厚生労働大臣又は健康保険組合
3．被保険者証再交付申請書	被保険者証を破り，汚し，失ったとき	遅滞なく	
4．任意継続被保険者資格取得申請書	資格喪失日の前日まで継続して2月以上被保険者であった者が，個人で，資格喪失後も継続して被保険者になろうとするとき	資格喪失日から20日以内	保険者
5．任意継続被保険者氏名（住所）変更届	任意継続被保険者の氏名や住所が変わったとき	5日以内	
6．法第118条該当（不該当）届	被保険者が少年院等に収容されたとき等	5日以内	

〔 厚生年金保険法－1 〕

届出・申請・提出書類等	提出する事由	期　　限	提　出　先
1．一括適用承認申請書	事業主が同一である2以上の適用事業所を，一の適用事業所としようとするとき		日本年金機構
2．基金選択届	同時に2以上の厚生年金基金の設立事業所に使用されるに至ったとき	直ちに	
3．任意単独被保険者資格取得申請書	適用事業所以外の事業所に使用されている70歳未満の者が，被保険者になろうとするとき		
4．任意単独被保険者資格喪失申請書	任意単独被保険者であることをやめようとするとき		
5．高齢任意加入被保険者に係る同意（又は同意の撤回）の届出	適用事業所の事業主が，保険料の半額負担・納付義務負担について同意（又は同意を撤回）したとき	10日以内	
6．高齢任意加入被保険者の資格取得申出書	適用事業所に使用される70歳以上の者で，老齢給付の受給権を有しないものが任意に加入するとき		
7．高齢任意加入被保険者の資格喪失申出書	上記の高齢任意加入被保険者が任意に資格喪失するとき		
8．高齢任意加入被保険者の氏名変更届書	高齢任意加入被保険者が氏名を変更したとき	10日以内	

〔 厚生年金保険法－2 〕

届出・申請・提出書類等	提出する事由	期　　限	提　出　先
9．高齢任意加入被保険者の住所変更届書	高齢任意加入被保険者が住所を変更したとき	10日以内	日本年金機構
10．第4種被保険者資格取得申出書	一定要件を満たす被保険者が，退職後も引き続き個人で被保険者になろうとするとき	原則として，被保険者資格を喪失した日，又は引き続く共済組合の組合員資格を喪失した日から起算して6月以内	
11．第4種被保険者の氏名変更届	第4種被保険者が氏名を変更したとき	10日以内	
12．第4種被保険者の住所変更届	第4種被保険者が住所を変更したとき		
13．第4種被保険者の資格喪失申出書	第4種被保険者の資格を任意に喪失するとき	※共済組合の組合員となった場合の喪失は，10日以内	
14．年金手帳再交付申請書	年金手帳を滅失し，又はき損したとき		
15．被保険者種別変更届	第1種被保険者と第3種被保険者との間で変更があったとき，又は厚生年金基金の加入員であるか否かの区別に変更があったとき	5日以内船舶所有者は10日以内	

〔国民年金法〕

届出・申請・提出書類等	提出する事由	期限	提出先
1. 資格取得届	①第1号被保険者の資格を取得したとき ②第3号被保険者の資格を取得したとき	事実のあった日から14日以内	①市町村長 ②日本年金機構
2. 任意加入の申出	国民年金に任意加入するとき		日本年金機構
3. 資格喪失届	①第1号被保険者の資格を喪失したとき ②第3号被保険者の資格を喪失したとき	事実のあった日から14日以内	①市町村長 ②日本年金機構
4. 任意脱退承認申請書	国民年金を任意脱退するとき		日本年金機構
5. 被保険者氏名変更届	被保険者(第2号被保険者を除く)が氏名を変更したとき	事実があった日から14日以内	①市町村長 ②日本年金機構 (第3号被保険者の場合)
6. 被保険者住所変更届	被保険者(第2号被保険者を除く)が住所を変更したとき		
7. 国民年金手帳再交付申請書	国民年金手帳を破り,汚し,又は失ったとき		日本年金機構
8. 被保険者の種別の変更届	①第2号被保険者,第3号被保険者が第1号被保険者になったとき ②第1号被保険者,第2号被保険者が第3号被保険者になったとき	事実があった日から14日以内	①市町村長 ②日本年金機構
9. 第3号被保険者の配偶者に関する届出	配偶者(第2号被保険者)が加入する被用者年金制度に変更があったとき		日本年金機構

◇ 雇用関係諸法における届出及び定期報告等

	届 出	定 期 報 告	選任等（太字は義務）
労 働 施 策 総 合 推 進 法	1ケ月に30人以上，自己都合等以外の離職者がいるときは，変動がある日の少なくとも30日前に，安定所長に **外国人雇用状況届出（雇用保険被保険者資格を有するもの）** 新たに外国人を雇い入れたときは事実のあった日の属する月の翌月10日まで，雇用する外国人が離職したときは事実のあった日の翌日から10日以内に，安定所長に		
労働者派遣法			**派遣元・派遣先責任者** **派遣元・派遣先管理台帳**
高 年 齢 者 雇 用 安 定 法	高年齢者等が定年等により1月以内に5人以上離職するときは，最後の離職が生ずる日の1月前までに，安定所長に	**高年齢者雇用状況報告** 6月1日現在の状況を7月15日までに所長経由し，大臣に	高年齢者雇用推進者 （努力規定）
障 害 者 雇 用 促 進 法		**障害者雇用状況報告** 45.5人以上の事業主 上記と同じ	障害者雇用推進者 （努力規定） **障害者職業生活相談員** ＊5人以上の所に
職 業 能 力 開 発 促 進 法			職業能力開発推進者 （努力規定）
建 設 労 働 法			**雇用管理責任者**
パート労働法			短時間雇用管理者 ＊10人以上の所に （努力規定）